Ljiljana Bisenić – **Jugoslawische Spezialitäten**

Ljiljana Bisenić

Jugoslawische Spezialitäten

VERLAG NAKLADNI ZAVOD ZNANJE, ZAGREB

VERLAG FÜR DIE FRAU, LEIPZIG

ISBN 3-7304-0216-1
Originaltitel: Ljiljana Bisenić, Jugoslawische Specijaliteti
© by Verlag Nakladni Zavod »Znanje«, Zagreb
Übersetzt aus dem Serbokroatischen von Darinka Ursic
Gemeinschaftsausgabe des Verlages Nakladni zavod »Znanje« —
Zagreb, und des Verlages für die Frau — Leipzig, für die Deutsche
Demokratische Republik mit freundlicher Genehmigung des Verlages
Wilhelm Ennsthaler, Steyr
Lizenznummer 405/70/88
Printed in SFRJ
LSV 9229
Bestellnummer 6732717
03380

Vorwort

Als nach dem Zweiten Weltkrieg in Jugoslawien der Besuch von ausländischen Touristen begann, galt die erste Begeisterung der Besucher dem reinen Meer und der klaren Sonne; aber nachher auch dem ausgezeichneten hausgemachten Wein sowie den eigenartigen Spezialitäten − Gerichte mit stark ausgeprägtem Geschmack, ergiebig und phantasievoll. Speisen ohne Konservierungsmittel, oft mit hausgemachten Lebensmitteln zubereitet.

„Pršut" (Rohschinken) aus Dalmatien, Lika oder Njeguši (Montenegro), hausgemachtes Brot, im besonderen Backofen gebacken, mit Ofenglut bedeckt, lecker wie ein Kuchen, all dies sind Erlebnisse die man nicht so leicht vergessen kann. Dickflüssige Rotweine aus Dalmatien oder Istrien, von Trauben höchster Qualität und mit viel Mühe vom Weinbauer bereitet, können Lebensfreude und Entspannung geben.

Noch bekannter wurden „Čevapčići", „Ražnjići" und „Pljeskavice", in ganz Jugoslawien von ausgezeichneten Bratmeistern bereitet.

Dies, nebst noch etlichen Spezialitäten, ist jedoch alles was der durchschnittliche Besucher Jugoslawiens von der jugoslawischen Gastronomie kennenlernen kann. Das ist aber schade, weil sich selten eine Nation mit solch einer reichen und verschiedenartigen Küche rühmen kann. Der Reichtum und die Mannigfaltigkeit der jugoslawischen Küche entspricht dem Reichtum und der Verschiedenheit unserer Landschaften. So wie in jeder anderen Küche, reflektieren sich auch in der jugoslawischen Küche die Lebensbedingungen, die geographischen und klimatischen Bedingungen, die historischen und sozialen Ereignisse. In der jugoslawischen Küche spiegeln sich die verschiedenen Kulturen und Traditionen anderer Völker, mit denen die Bewohner einzelner Regionen in Verbindung kamen, wider.

Viele Besucher Jugoslawiens, denen dieses Land und seine Küche in angenehmer Erinnerung ist, würden auch zu Hause die Erinnerung an die angenehmen Erlebnisse gerne auffrischen.

Für diese Besucher haben wir dieses Buch bereitet. Etwa 250 ausgewählte Kochrezepte aus allen Gegenden Jugoslawiens bieten ein Bild über die typische jugoslawische Volksküche. Durch die 28 Farbfotos kann man sich eine Vorstellung über die fertig bereiteten Speisen bilden.

In den jugoslawischen Nahrungsmittelgeschäften können Sie Nahrungsmittel finden, die vielleicht nicht immer in Ihrer Küche vorhanden sind, aber Sie können mit ähnlichen variieren. Schließlich sind ja diese Rezepte nur eine Variante der dargelegten Speisen. An die Mengenangaben muß man sich auch nicht streng halten. Die Mengen, welche unsere Großeltern, Feldarbeiter, Holzhauer, Bergleute oder müßige Adelige aufessen konnten, überragen vielfach unsere Bedürfnisse.

Die Autorin, die Journalistin Ljiljana Bisenić, sammelte diese Kochrezepte lange Jahre hindurch und notierte, wo dies möglich war, nebst den Rezepten auch Einzelheiten über die Bereitung dieser Speisen und bei welchen Gelegenheiten einzelne Gerichte zubereitet wurden. Dabei gibt sie ethnographisch wertvolle Anmerkungen, durch welche Ihre Kenntnisse über das einstige Leben und Essen in Jugoslawien erweitert werden. Wir hoffen, daß auch dies eine Anregung dazu sein wird, dieses Buch öfter am Herd als im Regal zu finden.

Inhaltsverzeichnis

Kalte Vorspeisen 9

Suppen – Eintopfgerichte – Beilagen 15

Warme Vorspeisen und Teigwaren 23

Fische – Krebse – Muscheln 43

Gerichte mit Innereien 51

Gemüse- und Fleischspeisen 55

Wildbret 81

Beilagen 85

Saucen 89

Salate 93

Nachspeisen 97

Rezeptregister 117

Kalte Vorspeisen

Schinken im Teig

1 geräucherte Schweinekeule
1 Knoblauch
Mehl
Salz

Knoblauchzehen halbieren. Schweinekeule mit Knoblauch einreiben und kalt stellen.
Mehl, Wasser und etwas Salz zu einem festen Teig verrühren. Schweinekeule mit dem Teig bedecken, in die Bratpfanne geben und im Backrohr braten, Bratpfanne nicht einfetten. Wenn der Teig zu trocknen anfängt, von Zeit zu Zeit mit warmem Wasser begießen und wenden, sodaß er von allen Seiten gleichmäßig gebraten wird. Ca. 2−3 Stunden braten (je nach Keulengröße).
Kalt stellen und mit Meerrettich servieren.

Satrica

500 g Zwiebellauch
200 g Kuhkäse
15 g Sauermilch oder Sauerrahm
Salz, Pfeffer
Petersilie

Zwiebellauch kleinschneiden, salzen, durchgedrückten Käse und Sauermilch oder Sauerrahm zufügen, gut mischen. Als Vorspeise servieren. Satrica wird mit Petersilienblättern garniert und kann mit Pfeffer bestreut werden.

Sülze (s. Abb. 1)

1 kg Schweinshaxen
3 l Wasser
2 Möhren
1 Petersilienwurzel
1 Sellerie
1 Pastinake
5 Pfefferkörner
gemahlenen Pfeffer
1 Lorbeerblatt
4 Knoblauchzehen
Salz

Schweinshaxen putzen und in reichlich Wasser waschen. Klein hacken, in kaltes Wasser geben und kochen. Wenn das Wasser aufkocht, salzen und nach einer halben Stunde das gewaschene Suppengrün, Pfefferkörner und Lorbeerblatt zufügen.
Ca. 4 Stunden schwach kochen, bis das Fleisch gar ist und sich vom Knochen löst. Brühe abseihen, in die Schüssel gießen, Fleisch in Stücke schneiden, in die abgeseihte Brühe geben, kleingeschnittene Knoblauchzehen und gemahlenen Pfeffer dazugeben und kalt stellen bis es fest wird. Sülze kann mit rotem Paprika bestreut werden. Zum Fleisch können in Scheiben geschnittene, hartgekochte Eier und Möhren hinzugegeben werden. Das an der Oberfläche angesammelte Fett kann zum Kochen von Bohnen oder Sauerkraut verwendet werden.

Zaseka

Zaseka kann auf verschiedene Weisen vorbereitet werden, aber eine der einfachsten ist folgende:

Geräucherten Schweinespeck in der Fleischmaschine zermahlen, salzen, Knoblauch beimischen, in eine Schüssel geben und mit Fett begießen. Danach an einen kalten und luftigen Platz stellen.

Zaseka kann auch mit gekochtem Speck zubereitet werden:

Frischen Speck kleinschneiden, in kochendes Wasser geben, bis er durchsichtig ist. Herausnehmen und abtropfen lassen, danach in der Fleischmaschine mahlen. Durchgedrückte Knoblauchzehen und gemahlene Zwiebeln zufügen, salzen. Gut durchmischen und in eine Schüssel geben. Mit Schweinefett übergießen.

Käse mit Sauerrahm

800 g frischen Kuhkäse
2 dl Sauerrahm
2 Zwiebeln
3–4 Knoblauchzehen
Salz, Pfeffer
rote Paprika

Gut abgetropften Kuhkäse in eine Schüssel geben und mit Sauerrahm übergießen.
Nach Wunsch mit kleingeschnittenen Knoblauchzehen, Pfeffer oder rotem Paprika bestreuen. Salzen und mit grob geschnittenen Zwiebeln servieren.

Kajmak (Rahm)

Kajmak wird am häufigsten aus frischer Kuhmilch gewonnen, aber es kann auch Schaf- oder Ziegenmilch verwendet werden.
Kajmak aus Kuhmilch ist mild im Geschmack und Geruch, es bleibt länger frisch.

Die Zubereitung ist einfach:

Milch kochen, in eine Schüssel gießen, bis zum nächsten Tag kaltstellen, nicht zudecken, sodaß sich an der Oberfläche eine Kruste bilden kann. Diese Kruste (Kajmak) am nächsten Tag vorsichtig entfernen und in einer Holzschüssel aufeinander lagern.
Jede Schicht etwas salzen, mit einem sauberen Geschirrtuch abdecken und einen Holzdeckel daraufsetzen. Kajmak (Rahm) kalt stellen. Diesen Vorgang täglich wiederholen, bis die Holzschüssel gefüllt ist. Kajmak kann sofort verwendet werden, aber wenn Sie ihn für später aufbewahren wollen, dann etwas mehr salzen. Das nennt man dann **alten oder reifen** Kajmak.

Kajmak ist ein spezifisches Milchprodukt, das schwer durch etwas anderes zu ersetzen ist.

Es kann als Speisezutat oder aber als Imbiß, bzw. Bestandteil der kalten Vorspeisen serviert werden.

*

Ajvar aus Karpfenrogen

250 g Karpfenrogen
250 g Öl
50 g Zitronensaft
50 g Zwiebeln
Salz, Pfeffer

Rogen häuten, in eine Schüssel geben, salzen und mischen, bis sie weiß sind. Nach und nach Öl und Zitronensaft zufügen und weitermischen bis die Masse fest wird. Zuletzt feingeschnittene Zwiebeln und Pfeffer hinzugeben und nochmals alles gut durchmischen.

Prebranac

400 g große weiße Bohnen
10 kleinere Zwiebeln (400 g)
¼ l Öl
rote Paprika
Salz, Pfeffer

Bohnen waschen, in einen Topf geben, Wasser auffüllen und ¼ Stunde kochen. Das erste Wasser weggießen, frisches, warmes Wasser auffüllen und kochen, bis die Bohnen weich sind. Aufpassen, daß sie nicht zerplatzen. Abseihen. Zwiebeln in Scheiben schneiden, salzen, in Öl bräunen, rote Paprika zufügen und gut mischen. In einer feuerfesten Form oder Tonschüssel eine Reihe Bohnen legen, salzen, pfeffern, darauf eine Reihe gebräunter Zwiebeln, mit etwas Öl begießen und so abwechseln, bis alles aufgebraucht ist. Zuoberst müssen Bohnen sein. Diese mit Öl übergießen und im Backrohr ca. ½ Stunde braten.
Prebranac kann warm oder kalt serviert werden.

Fastenkrautwickler

1 kg Frisch- oder Sauerkraut
300–400 g Reis
2–3 Zwiebeln
2 Löffel Öl
2 Tomaten
Salz, Pfeffer
Petersilie oder Minze

Feingeschnittene Zwiebeln in Öl bräunen, gewaschenen Reis dazugeben. Zugedeckt 5 Minuten garen, dann warmes Wasser auffüllen und weichkochen. Salzen, pfeffern, geschnittene Petersilie oder Minze zufügen. Kraut putzen, faule Blätter entfernen und von jedem Blatt den dicken Stiel herausschneiden. Auf jedes Krautblatt etwas Füllung legen, die Seiten zusammenfalten und zu einem Wickler aufrollen. Wickler kreisförmig in eine Schüssel aufreihen, etwas Wasser auffüllen und kochen, bis Kraut und Reis weich sind und das Wasser entdampft. Wenn Krautwickler mit Frischkraut zubereitet werden, beim Aufkochen geschnittene Tomaten dazugeben. Kalt servieren.

Anmerkung: Wenn die Krautblätter groß sind, halbieren, weil Fastenkrautwickler kleiner sind als gewöhnlich.

Imam Baldi (s. Abb. 2)

4 Auberginen
2 Zwiebeln
1 dl Öl
4 Paprikaschoten
2 Tomaten
1 scharfe Paprika
1 Bund Petersilie
Salz

Für die Einbrenne:

50 g Mehl
50 g Öl
3 dl Tomatensaft
Öl zum Braten

Auberginen waschen, Stiel entfernen, mehrmals längsseits aufschneiden, aber nicht ganz durchschneiden. Salzen. Kleingeschnittene Zwiebeln, Paprikaschoten, Tomaten und scharfe Paprika in Öl braten. Zuletzt feingehackte Petersilie dazugeben, salzen und mischen. Mit dieser Füllung aufgeschnittene Auberginen füllen.
Gefüllte Auberginen im vorgewärmten Öl braten bis sie weich sind, dann etwas Wasser dazugießen und im Backrohr noch weitere 30 Minuten fertigbraten.

Von dem Mehl und Öl eine Einbrenne zubereiten, Tomatensaft dazugießen, aufkochen, über die fast fertig gebratenen Auberginen gießen und noch ein paar Minuten weiterbraten.

IMAM-BALDI bedeutet: „Imam (moslemischer Pfarrer) ist ohnmächtig geworden", ansonsten ist es die Bezeichnung für ein sehr schmackhaftes Gericht mit gefüllten Auberginen.

Blumenkohl mit Sauerrahm

2 große Blumenkohlköpfe
120 g Butter
6 Löffel Sauerrahm
Zucker
Minze
Salz

Blumenkohlköpfe waschen und in eine Schüssel geben, so daß die „Blumen" nach unten stehen. Wasser auffüllen, salzen, zudecken und weichkochen. Dann abseihen, einzelne „Blumen" abtrennen und in eine tiefe, mit Butter bestrichene Schüssel legen. Jede Schicht mit zerlassener Butter und Sauerrahm übergießen. Salzen und mit etwas Zucker abschmecken. Obere Blumenkohlschicht mit Paniermehl bestreuen, mit zerlassener Butter bespritzen und 30 Minuten im Backrohr hellbraun braten.
Als Beilage zum Braten servieren.

Käse mit Bohnen

250 g Trockenkäse
250 g gekochte weiße Bohnen
½ l Milch
rote Paprika
Gläschen Schnaps
Salz, Pfeffer

Trockenkäse mit einem Reibeisen kleinreiben, in die Milch geben und stehenlassen. Wenn der Käse gut durchtränkt ist, gekochte weiße Bohnen dazugeben und alles zusammen mahlen. Masse salzen, pfeffern, mit etwas rotem Paprika und Schnaps abschmecken. Gut mischen. Ca. 7–10 Tage kalt stellen.
Mit Maisbrot und Zwiebeln servieren.

Suppen
Eintopfgerichte
Beilagen

Rindssuppe (für 8 Personen)

1 kg Rindfleisch (Brustspitze oder
*   Muskel)*
1 hohler Suppenknochen
3 l Wasser
2 Möhren
2 Petersilienwurzeln
1 Pastinake
1 Bund Sellerie
1 Zwiebel
5 Pfefferkörner
Salz

Rindfleisch und Suppenknochen
waschen, in einen Topf geben, Wasser auffüllen und aufkochen. Den
Schaum wegnehmen, das gewaschene und längsseits geschnittene Suppengrün und Pfefferkörner zufügen.
Salzen, Zwiebel halbieren, samt
Haut kurz braten und in die Suppe
geben. Bei schwacher Hitze ca. 3
Stunden kochen, dann vom Herd
nehmen und stehenlassen, bis es sich
setzt, abseihen. Gekochtes Rindfleisch herausnehmen, in einer
Schüssel mit etwas Brühe begießen
und mit Meerrettich servieren.
Ringsherum können Salzkartoffeln
oder Reis beigelegt werden.

Anmerkung: Sie können in die Suppe
neben dem Suppengrün auch etwas
Frischkäse und 1−2 Tomaten geben.

Geflügelsuppe
(für 10 Personen)

2 kg Hühner-, Gänse- oder Puten-
*   fleisch*
3 l Wasser
2 Möhren
1 Pastinake
1 Petersilienwurzel
1/4 Sellerie
Salz, Pfefferkörner

Fleisch (Huhn, Gans oder Pute) in
einen Topf geben, Wasser auffüllen,
salzen und zum Kochen bringen.
Beim Aufkochen das gewaschene
und längsseits geschnittene Suppengrün beigeben, ebenso Pfefferkörner. Kochen bis das Fleisch gar ist,
dann vom Herd nehmen, stehenlassen bis es sich setzt und abseihen. Leberknödel oder Nudeln einlegen und
noch einmal kurz aufkochen lassen.

„Altes Huhn, fette Brühe" sagt ein
alter Volksspruch. Früher, aber auch
heute noch werden für große Feste
ganze Hühner gekocht, um eine stär-
kere Suppe zu bereiten.

Eintopfgericht „Beg"

400 g Hühner- oder Hühnchenfleisch
200 g Wurzelgemüse
*   (Möhren, Petersilie, Sellerie)*
50 g Butter
50 g Mehl
20 g getrocknete Bamien
1 Eigelb
50 g Sauerrahm
1/2 Zitrone
1 Lorbeerblatt
Salz, Pfeffer

Huhn- oder Hühnchenfleisch wa-
schen, in einen Topf geben, Wasser
auffüllen und zusammen mit geputz-
ten Möhren, Petersilie, Sellerie und
Lorbeer kochen. Salzen. Das weich-
gekochte Fleisch herausnehmen,
Suppe abseihen, Fleisch von den
Knochen trennen und in Würfel
schneiden. Ebenso die gekochten
Möhren, Petersilie und Sellerie in
Würfel schneiden.
In einer Schüssel Butter zerlassen,
Mehl zufügen, bräunen, Hühner-
brühe zugießen und ca. 15 Minuten

Abb. 1: Sülze (Rezept S. 10)

Abb. 2: Imam Baldi (Rezept S. 13)

Abb. 3: Maneštra od Bobići (Rezept S. 20)

Abb. 4: Fischsuppe (Rezept S. 22)

weiterkochen. In Würfel geschnittenes Fleisch und Gemüse dazugeben und alles zusammen aufkochen lassen. Inzwischen Bamien im Wasser mit etwas Zitronensaft kochen. Abseihen und in die Suppe einlegen. Aufkochen. Vom Herd nehmen und stehenlassen, bis die Suppe etwas abkühlt. Vor dem Servieren ein Eigelb mit etwas Sauerrahm verrühren, in die Suppe mischen, mit Zitronensaft, Butter und Pfeffer abschmecken.

Anmerkung:
Bamien werden wegen dem Schleim in Wasser getränkt und stehengelassen, bis sie quellen, dann werden sie in reichlich Wasser gewaschen. Am besten ist es, Bamien vor Gebrauch ein paar Minuten in Wasser zu kochen. Sie werden für die Zubereitung von Eintopfgerichten, Ragout und Speisen mit Lamm- und Ziegenfleisch verwendet.

Eintopfgericht „Beg" gehört zu stärkeren Eintopfgerichten, zubereitet mit Huhn- oder Hühnchenfleisch und Einlage von Bamien (Hibiscus esculentus). Diese Pflanze mit bohnenartigen Früchten voller Körner ist für die Zubereitung von Speisen und Ölgewinnung geeignet. Sie wird in tropischen Gegenden angebaut, bei uns in Bosnien und Herzogowina und Mazedonien. Da es zu seltenen Pflanzen gehört und außerdem als Aphrodiakum anerkannt ist, ist der Preis dementsprechend hoch.
Bamien werden getrocknet und zum Kranz geflochten verkauft, aber nur auf wenigen Märkten in Jugoslawien.

✳

Gerstelsuppe

250 g weißes Huhn- oder Hühnchenfleisch
100 g Wurzelgemüse
  (Möhren, Petersilie, Sellerie)
2 Eier
100 g Mehl
50 g Butter
50 g Sauerrahm
Salz, Weißpfeffer
Tomatenpüree
Zitronensaft
Petersilie

Weißes Huhn- oder Hühnchenfleisch waschen, in einen Topf geben, geputzte Möhren, Petersilie und Sellerie beigeben. Wasser auffüllen, salzen, pfeffern und kochen. Wenn das Fleisch weich ist, herausnehmen, die Suppe abseihen, Fleisch in kleine Stücke schneiden, mit Mehl, Tomaten, Eiern und etwas Wasser vermischen. Salzen, dann zwischen den Handflächen zu Bröseln zerkrümeln. Durchsieben, um das überschüssige Mehl zu entfernen. So zubereitete Gersteln auf eine Tischdecke streuen und trocknen lassen. Abgeseihte Suppe aufkochen, Gersteln einlegen und noch 15 Minuten kochen. Abkühlen und mit Rührei, Sauerrahm und Butter abschmecken. Feingeschnittene Petersilie und etwas Zitronensaft dazugeben.

Gerstel oder Tarhonya ist die persische Bezeichnung für Teig, der zu Bröseln in Reiskorngröße zerkrümelt ist. Es wird als Suppeneinlage, für Zubereitung von Ragout, Tarita* und bosnischen Honigkuchen verwendet. Früher wurden die Gersteln 3-4 Tage an der Sonne getrocknet, dann in Stoffbeuteln gepackt und für den Winter aufgehoben. Das Volk sagt: „Gerstel ist moslemisches, und Kraut und Speck kaorisches (katholisches) Nahrungsmittel", oder „Türken sagen: Gerstel, das ist Nahrung für uns, aber Kraut und Speck, das ist was fürs übrige Volk".

* Tirit komt aus dem türkischen und bedeutet: Masse aus feinzerkrümeltem Teig und Beilagen.

Taubenlandwirtssuppe

4 Tauben
1 Bund Suppengrün
1 Tomate
20 g Mehl
20 g Fett oder Butter
1 Zwiebel
2 dl Sauerrahm
1 Eigelb
Salz, Pfeffer
Zitronensaft
rote Paprika

Geputzte und gewaschene Tauben in die Hälfte schneiden, in einen Topf legen, ca. 2,5 l Wasser eingießen, gewaschenes Suppengrün zufügen, salzen und das Fleisch weichkochen. Zum Schluß geschnittene Tomaten und feingeschnittene Petersilie dazugeben. Kleingeschnittene Zwiebel im Fett braten, Mehl und rote Paprika dazugeben, Einbrenne mischen, in die Suppe geben und alles zusammen aufkochen lassen. Fleisch herausnehmen und die Suppe abseihen. In der Servierschüssel ein Eigelb verrühren, Sauerrahm und etwas Zitronensaft dazu und die Suppe langsam einrühren. Salzen, pfeffern und das Fleisch wieder einlegen.

Taubensuppe kann auch auf folgende Weise zubereitet werden:
Tauben vierteln, in einen Topf geben, Wasser auffüllen, Suppengrün dazugeben. Wenn das Fleisch gar ist, vom Herd nehmen, Suppe abseihen, Fleisch wieder in die Suppe legen, Nudeln zufügen und alles wieder aufkochen.

Saure Kalbssuppe

400 g Kalbskeule
1 Petersilienwurzel
1/2 Sellerie
3 Möhren
2 Zwiebeln
5 Pfefferkörner
1 Lorbeerblatt
1 Petersilienblatt
1 Zitrone
2 Eigelb
1 dl Sauerrahm
40 g Mehl
1 Teelöffel rote Paprika
40 g Öl
Salz

Fleisch waschen und in Würfel schneiden. Zwiebeln putzen, fein schneiden, bräunen, das Fleisch zugeben, zudecken und dünsten. Wenn das Fleisch gar ist, geputzte und in Würfel geschnittene Möhren, Petersilie und Sellerie beigeben und Wasser auffüllen. Salzen, etwas Pfeffer und Lorbeer dazu und ca. 1 Stunde kochen. Wenn Suppengrün und Fleisch weich sind, Einbrenne zubereiten. Dazu das Mehl in Öl bräunen, rote Paprika hinzugeben, ablöschen und in die Suppe rühren. Ca. 5 Minuten kochen und dann feingeschnittene Petersilie und Zitronensaft dazugeben und alles nochmals aufkochen.

Vor dem Servieren ein Eigelb einrühren, Sauerrahm einmischen und damit die Suppe abschmecken.

Eintopfgerichte werden auf dem Lande sehr häufig zubereitet, ohne diese sind auch große Feste undenkbar. Falls bei einem Fest das Eintopfgericht fehlt, sagt man: „Alles ist mager, wenn nicht mit dem Löffel gegessen wird."

Das bezieht sich vor allem auf Suppen, die gewöhnlich mit Rind-, Schaf- oder Hühnerfleisch, Suppengrün und Einlagen wie Nudel und andere Teigwaren zubereitet werden.

Lammeintopf „Lika"

400 g Lammfleisch
1 Bund Suppengrün
50 g Reis
50 g Kohlrabi
50 g Kohl
2 Eigelb
2 Knoblauchzehen
1 Zwiebel
1 Lorbeerblatt
Pfefferkörner
Zitronensaft
1 dl Sauerrahm
Salz, Petersilie

Fleisch waschen, in Würfel schneiden, in reichlich Wasser kochen. Beim Aufkochen den Schaum entfernen, geputztes und gewaschenes Wurzelgemüse in Würfel geschnitten, eine ganze Zwiebel, Knoblauch, Lorbeerblatt, Pfeffer und Salz zufügen und weiterkochen. Kohl in Streifen schneiden und extra kochen. Reis in Salzwasser kochen, abseihen, mit kaltem Wasser abspülen. Wenn das Fleisch gar ist, Suppe abseihen. In einer Schüssel Eigelb verrühren, Sauerrahm, Zitronensaft hinzugeben, die Suppe langsam eingießen, Reis, Fleisch und Gemüse dazu, aber Zwiebel und Knoblauch herausnehmen. Mit feingeschnittener Petersilie garnieren.

Steirische Saure Suppe

500 g Schweinefleisch
1,5 l Wasser
20 g Mehl
20 g Öl
250 g Kartoffeln
1 Petersilie
1 Zwiebel
2 Knoblauchzehen
3−4 Pfefferkörner
1 Lorbeerblatt
Thymian
Essig
Salz

Fleisch in Stücke schneiden, Zwiebel vierteln und hinzugeben, ebenso gewaschene Petersilie, Knoblauch, Lorbeer, Pfeffer und Thymian. Salzen, Wasser auffüllen und bei starker Hitze kochen. Wenn das Fleisch zur Hälfte gekocht ist, herausnehmen und in Würfel schneiden, Suppe abseihen. Fleisch in die Suppe zurückgeben, in Würfel geschnittene Kartoffeln hinzufügen. Solange kochen, bis die Kartoffeln weich sind.

Von dem Mehl und Öl eine Einbrenne zubereiten, in die Suppe geben und noch ein paar Minuten weiterkochen. Vor dem Servieren mit Essig abschmecken.

✳

Steinpilzsuppe mit Heidekorn

150 g Steinpilze
150 g Heidekorn
50 g Fett
50 g Mehl
Salz, Pfeffer

Heidekorn in Salzwasser einrühren, in einen Topf geben, Wasser auffüllen und bei schwacher Hitze kochen. Steinpilze putzen, schneiden, mit heißem Wasser übergießen und ca. 10 Minuten stehenlassen. Danach Steinpilze abtropfen lassen, Heidekorn hinzufügen und weiterkochen. Wenn Steinpilze und Heidekorn weich sind, salzen und pfeffern. Von dem Fett und Mehl eine helle Einbrenne zubereiten und in die Suppe einrühren. Mischen und ca. 15 Minuten weiterkochen.

Maneštra od Bobići

(Mais-Bohneneintopf – s. Abb. 3)

400 g junge Maiskörner
250 g Bohnen
500 g Kartoffeln
100 g Speck
1 Schinkenknochen
4–5 Knoblauchzehen
1 Bund Petersilie
Salz, Pfeffer

Gekochten Schinkenknochen mit den Bohnen in einen Topf geben und mit Wasser auffüllen. Speck kleinschneiden, feingehackte Petersilie und Knoblauch beimischen und alles nochmals zu einer feinen Masse zerkleinern. Diese pastetenähnliche Masse zu den Bohnen geben und kochen, bis die Bohnen weich sind. Junge Maiskörner (evtl. aus der Konserve) und etwas später Kartoffeln in Würfel geschnitten hinzugeben und weiterkochen. Wenn die Manestra fertiggekocht ist, den Knochen herausnehmen, Fleisch herausschneiden und zurück in den Topf geben. Kartoffeln zerdrücken. Mit Salz und Pfeffer abschmecken. Da der Schinkenknochen ziemlich gesalzen ist, wird vorgeschlagen, Manestra erst zum Schluß zu salzen.

Pastete:
Wird auf folgende Weise zubereitet: geräucherter Speck wird kleingeschnitten, ebenso Knoblauch und Petersilie und diese feine Masse wird der Manestra gleich am Anfang zugefügt, sodaß der Speck weich gekocht wird.

Manestra:
kommt aus dem italienischen „menestra" und bedeutet dickliche, starke Suppe.

Krautbrühsuppe

(für 6 Personen)

1,5 l Krautbrühe
1 Löffel Suppengewürz „Vegeta"
3 Zwiebeln
20 g Fett
40 g Mehl
rote Paprika
2 Eigelb
2 Löffel „Kajmak" oder Sauerrahm

Krautbrühe gut abseihen, in einen Topf gießen und kochen lassen. Sobald es zu schäumen anfängt, den Schaum entfernen. Ca ½ Stunde kochen. Inzwischen in ½ l Wasser das Suppengewürz „Vegeta" (würziges

20

Suppenkonzentrat mit Zusatz von Gemüse) aufkochen. In einer Schüssel Fett zerlassen, fein geschnittene Zwiebeln und Mehl dazugeben und bräunen, rote Paprika zufügen und noch kurz bräunen, mit etwas Krautbrühe ablöschen und alles zusammen in die Krautbrühe geben. Das gekochte Suppengewürz einrühren, salzen und ca. ½ Stunde weiterkochen. Dieser Brühe können Knödel, Reis, Würstchen oder in Scheiben geschnittene Knackwürste beigefügt werden. - Krautbrühe ist die Flüssigkeit, die beim Säuern von Kraut entsteht. Früher gehörte es zum Lieblingsgericht am Lande, das immer zuerst aufgetischt und mit heißer Hirse oder Maisknödel serviert wurde.

In manchen Gegenden wurden dieser Krautbrühe scharfe Paprika oder geriebener Rettich zugefügt. Krautbrühe wurde einst, aber auch heute noch als Getränk verwendet – gegen Kater. Es galt allgemein die Meinung, daß ein Haus, das keine Krautbrühe (gemeint ist Sauerkraut und Krautbrühe) im Holzkübel hat, kein gastfreundliches Haus sei.

Geriebene Gerstel

400 g Mehl
2 Eier
Salz

Eier gut verrühren, Mehl zufügen und zu einem festen Teig verkneten. Dann auf einem groben Reibeisen reiben und durch ein grobes Sieb durchdrücken. Gersteln auf der Tischdecke zum Trocknen ausbreiten und in Stoffbeutel einpacken. Es kann als Suppeneinlage oder für bosnischen Honigkuchen verwendet werden.

Saure Gerstel

1 kg Mehl
3 Eier
¼ l Milch
10 g Hefe

Mehl, Milch, Eier und Hefe zu einem festen Teig verkneten, einige Tage stehenlassen, bis er gut aufgeht. Wieder gut durchkneten und durch ein grobes Sieb drücken. Diese Kügelchen, die durch die Sieblöcher durchkommen, nennt man Gersteln, die man zum Trocknen ausbreitet und in Stoffbeutel einpackt. Getrocknete Gersteln können lange als Suppeneinlage verwendet werden.

Leberknödel

100 g Leber
1 Löffel Fett
1 Ei
1 Semmel
Salz, Pfeffer
Muskat
Brösel
Bund Petersilie

Leber waschen und fein mahlen oder schneiden. Fett mit Ei verrühren, gemahlene Leber zufügen, ebenso in Wasser getränkte und abgetropfte Semmel, Petersilie, etwas Brösel und Muskat. Salzen und pfeffern. Diese Masse zu Knödeln formen. Masse probieren: einen Knödel in die Suppe geben, wenn er zerfällt, noch etwas Brösel beimischen. Knödel etwa 10 Minuten in der Suppe kochen.

*

Eintopf „Alaska"

(für 6 Personen)

500 g verschiedene kleine Fische
500 g Großfisch
4 Zwiebeln
5 Pfefferkörner
1 Löffel Mehl
2 Löffel Fett
rote Paprika
Salz, Essig

Kleine Flußfische säubern, in einen Topf geben und Wasser auffüllen. 2 Zwiebeln kleinschneiden und hinzugeben, ebenso Pfefferkörner. Zudecken und bei starker Hitze ca. ½ Stunde kochen, dann abseihen. Alles gut zerdrücken, um eine möglichst große Masse zu bekommen. 2 feingeschnittene Zwiebeln in etwas Fett bräunen, Mehl und rote Paprika dazugeben. Einbrenne mit abgeseihter Suppe ablöschen, salzen und gesäuberten, in Stücke geschnittenen Großfisch hineingeben (nach Möglichkeit Hecht, weil er sich dazu am besten eignet). Noch ca. 40 Minuten weiterkochen.

Zum Schluß mit Essig abschmecken, weitere 5 Minuten kochen, vom Herd nehmen und stehenlassen, bis er sich setzt.

Eintopf „Alaska" ist nach den Flußfischern „Alasi" benannt. Einer der besten Zubereiter von Fischgerichten war unser Akademiker Mika Petrović Alas, Mathematikprofessor, der außerdem Fischer und Feinschmecker war.

*

Fischsuppe (s. Abb. 4)

(für 8 Personen)

1,5 kg Fisch
(Wels, Stör, Karpfen, Barbe)
500 g Zwiebeln
1 getrocknete rote Paprika
1 Lorbeerblatt
3−4 Pfefferkörner
20 g rote Paprika
10 g gemahlene Paprika
250 g Tomatenpüree
10 g gemahlenen Pfeffer
10−15 g Salz
Essig, Öl

In einem großen Topf oder Kübel geputzte und fein geschnittene Zwiebeln in Öl bräunen, Wasser auffüllen und getrocknete Paprika, Lorbeerblatt und Pfefferkörner beigeben, bei schwacher Hitze kochen. Wenn die Zwiebeln weich sind, rote und gemahlene Paprika, Tomatenpüree, Salz und gemahlenen Pfeffer zufügen und weiterkochen. Nach ½ Stunde zerstückelten Fisch hinzugeben und weiterkochen, bis der Fisch gar ist. Das Gericht während dem Kochen nicht rühren. Zum Schluß mit Essig abschmecken.

Warme Vorspeisen und Teigwaren

Spinatbrei (Čimbur)

200 g Schafshackfleisch
200 g Rind- oder Ochsenfleisch
500 g Spinat
80 g Fett oder Öl
100 g Zwiebel
4 Eier
Salz, Pfeffer

Fein geschnittene Zwiebel im Fett bräunen, Hackfleisch hinzugeben und alles zusammen kurz braten. Spinat kochen, abseihen, fein hacken und dem Fleisch beimischen. Salzen, pfeffern und weitergaren bis die Flüssigkeit völlig entdampft.
Spiegeleier zubereiten und auf Fleisch und Spinat legen.

Bemerkung:
„Čimbur" ist die türkische Bezeichnung für Brei.

Bauernomelette

12 Eier
120 g Speck
100 g Zwiebel
4 Paprikaschoten
80 g Öl
120 g gekochte Kartoffeln
Salz

Zwiebel fein schneiden, kurz im Öl bräunen, Speck würfelig schneiden, beigeben, kurz braten und geschnittene Paprikaschoten dazugeben. Weiterbraten bis die Paprika weich sind, dann gekochte Kartoffeln, ebenfalls in Würfel geschnitten, hinzugeben. Mit Salz und Pfeffer abschmecken.
Öl in der Pfanne erwärmen, verrührte Eier hineingeben, gebratenes Gemüse hinzufügen, mischen und fertigbraten.

Pilze in Rahm

700 g Pilze
20 g Sauerrahm
Salz, Pfeffer

Pilze putzen, waschen und grob schneiden. Salzen, pfeffern, in eine feuerfeste Schüssel legen und mit der Hälfte des Sauerrahms begießen. Ca. ½ Stunde bei schwacher Hitze garen. Wenn der Sauerrahm austrocknet, den restlichen Rahm daraufgießen und im Backrohr fertigbraten.
Es kann allein oder als Beilage zu Fleisch serviert werden.

„Papula"

500 g Weißbohnen
4 Knoblauchzehen
2 Eßlöffel Öl
Essig
Salz, Pfeffer
rote Paprika

Bohnen waschen, in einen Topf geben, Wasser auffüllen und aufkochen lassen. Erstes Wasser weggießen und frisches auffüllen, weiterkochen, bis die Bohnen weich sind, dann abseihen, passieren, Öl, Salz, Pfeffer und etwas rote Paprika, sowie zerdrückten Knoblauch beimischen. Gut durchmischen und kurz braten. Nach Geschmack mit Essig abschmecken.

Neben Brot und Salz waren Bohnen das Hauptgericht unserer Bauern. Bohnen wurden fast täglich aufgetischt und mit Fleisch oder allein serviert. Sie wurden auf mehrere Weisen zubereitet: als Suppe, Eintopfgericht, mit Fleisch, als Hackklößchen oder als „Papula".

„Wenn in einem Haus kein Topfgericht (man denkt dabei an Bohnen) aufgetragen wurde, dann galt dieses Haus als arm."

Ein Fastentag war ohne „Papula" kaum vorstellbar, die hauptsächlich mit weißen Bohnen, gemahlenem Knoblauch und Pfeffer zubereitet wurde und wenn Gäste im Haus waren, dann wurde sie mit heißem Öl und Essig übergossen. Die Hausfrau entschuldigte sich immer bei Gästen wenn eine Fastenmahlzeit aufgetischt wurde mit den Worten: „Nehmen Sie es uns nicht übel, aber dieses Gericht gehört zum heutigen Tag".

„Papula" zählt auch zu Reisemahlzeiten und die Reisenden hatten sie immer in der Tasche. Falls eine Beerdigung am Fastentag stattfand und der Verstorbene ein armer Mensch war, dann wurde am Friedhof auf jeden Fall „Papula" angeboten.

Holunderblumen

¼ l Milch
1 Eigelb
Salz
150 g Mehl
1 Eiweiß
1 Löffel Rum
Holunderblumen
Öl zum Braten

Aus Milch, Eigelb, Mehl und etwas Salz einen dünnflüssigen Teig zubereiten, Eiweiß zum festen Schnee schlagen und etwas stehenlassen. Holunderblumen waschen und trocknen. In den Teig tauchen und im heißen Öl braten. Diese gebratenen Holunderblumen können mit Salat serviert werden, oder mit Puderzucker bestreut zum Kompott.

Panierte Paprikaschoten

16 längliche Paprikaschoten
100 g Fett
50 g Paniermehl
5 Eier
Salz
Mehl

Paprikaschoten waschen, im Backrohr, auf der Herdplatte oder am Rost braten, Haut entfernen und abtropfen lassen. Salzen, Eier verrühren und enthäutete Paprikaschoten in Mehl, Eiern und Paniermehl panieren. Im heißen Fett goldgelb braten.

Gebratene Paprikaschoten auf mazedonische Art

400 g gebratene Paprikaschoten
300 g Tomaten
150 g alten oder reifen Kajmak
Salz, Pfeffer

Paprikaschoten waschen, auf der Herdplatte oder im Backrohr braten, häuten und in eine feuerfeste Schüssel legen. Die Hälfte vom Kajmak in einer Pfanne zerlassen, geschnittene Tomaten beigeben und kurz braten. Wenn der Saft entdampft, salzen, pfeffern und mischen. Mit dieser Masse die Paprikaschoten übergießen und restlichen Kajmak daraufgießen. Im Backrohr ca. 30 Minuten braten.
Zum Fleisch servieren.

Paprikaschoten „Leskovac"

400 g Schweins- oder Kalbshackfleisch
2 Zwiebeln
12 trockene Paprikaschoten
1 dl Öl
Sellerieblatt
80 g Reis
1 scharfe Paprika
Salz, Pfeffer
1 Löffel Suppengewürz „Vegeta"

Trockene Paprikaschoten in lauwarmes Wasser tauchen und ca. ½ Stunde stehenlassen, bis sie anquellen. Danach herausnehmen, abtropfen lassen, Stiele herausschneiden und Körner entnehmen. Reis putzen, waschen und im Salzwasser halb kochen. Zwiebeln und scharfe Paprika fein schneiden und im Öl kurz bräunen. Hackfleisch in eine Pfanne geben, gekochten Reis, gebräunte Zwiebeln und feingehackten Sellerie, Salz, Pfeffer und Suppengewürz „Vegeta" hinzufügen. Langsam mit der Hand kneten, um eine feine Masse zu erhalten.
Paprikaschoten mit damit füllen, in eine mit Öl bestrichene Schüssel geben und bei mäßiger Hitze (150–180°C) ca. ½ Stunde braten.

Paprikaschoten gefüllt mit Kajmak und Käse

200 g Paprikaschoten
500 g Schafskäse
300 g Kajmak
5 Eier, Öl

Paprikaschoten putzen und waschen. Käse mit der Gabel zerdrücken, Kajmak und Eier beimischen, alles gut verrühren und damit die Paprikaschoten füllen.

Bratpfanne mit Öl einfetten, gefüllte Paprikaschoten hineingeben und im Backrohr braten. Warm servieren.

„Tavče Gravče"
(Mazedonisches Bohnengericht)

250 g weiße Bohnen
1 kg Zwiebeln
2 dl Öl
4 getrocknete Paprikaschoten
2 Lorbeerblätter
Salz, Pfeffer, rote Paprika
Petersilie, Minze, Mehl
2–3 Knoblauchzehen

Bohnen waschen und kochen, dabei aufpassen daß sie nicht zerplatzen. Ganze Bohnen pfeffern, rote Paprika beimischen und im Öl braten. In eine Tonschüssel (Tavče) abwechselnd eine Reihe Bohnen, eine Reihe Zwiebeln, Paprika und Lorbeerblätter legen, die obere Schicht muß aus Bohnen bestehen. Mit Wasser in der die Bohnen gekocht wurden, begießen, obere Schicht mit gehackter Petersilie, Minze und etwas Mehl bestreuen und nach Geschmack 2–3 Knoblauchzehen beigeben.
Im Backrohr braten, aber aufpassen, daß nicht alles Wasser entdampft. Nicht mischen.

Würstchen in Rotwein

1 kg frische Schweinewürstchen
1,5 l Rotwein

Wein in einen großen Topf gießen, aufkochen, Würstchen hineingeben und bei mäßiger Hitze kochen, bis der Wein auf ½ l einkocht. Würstchen herausnehmen, auf einen Teller legen, Wein noch etwas kochen und dann über die Würstchen ausgießen. Mit Schwarz- oder Roggenbrot servieren.

„Keške"

1 Pute
1 Lamm- oder Schweinebauch
1,2 kg Weizen
Fett, Salz
Pfeffer und rote Paprika
(nach Geschmack)

Pute in Wasser kochen, Fleisch von den Knochen entfernen. In der Zwischenzeit Weizen mit warmem Wasser begießen und kalt stellen. Auf den Grund einer tiefen Schüssel Lamm- oder Schweinebauch legen, dann abwechselnd eine Reihe Weizen, eine Reihe Fleisch bis alle Nahrungsmittel aufgebraucht sind, dann Brühe in der die Pute gekocht wurde aufgießen. Kochen bis das Fleisch zu zerfallen beginnt. Vom Herd nehmen, gut mischen um eine gleichmäßige Masse zu bekommen.
Vor dem Servieren mit heißem Fett begießen und nach Wunsch mit Pfeffer und roter Paprika abschmecken. Dazu kann auch Sauermilch serviert werden.
„Keške" kann kalt gestellt sehr lange halten, aber vor dem Servieren muß man es aufwärmen. Es wird vorwiegend im Winter gegessen, aber bei Festlichkeiten kann es als Vorspeise serviert werden.

„Keške" oder „ćeškek" (kommt aus dem türkischen „Keškek") und wurde aus Fleisch und enthäutetem Weizen zubereitet. Früher wurde Weizen in der Stampfe enthäutet, gewaschen und dem gekochten Fleisch beigegeben nachdem der Schaum entfernt wurde. Dieses Gemisch aus Weizen und Fleisch muß lange gekocht und öfters umgerührt werden, bis das Fleisch ganz zerfällt und eine homogene Masse entsteht. Gewöhnlich wurde dafür Hühnchenfleisch oder Enten- oder Putenfleisch verwendet.

„Keške" wurde einst nur in reichen Häusern zubereitet und zwar für Feiertage und wurden als Vorspeise serviert.

Man erzählt sich, daß König Marko „Keške" sehr gerne gegessen hat, es gibt sogar eine Geschichte darüber:
„König Marko kam jemandem Namenstag gratulieren. Es wurden dabei verschiedene Speisen aufgetragen, aber keine war ihm recht: er schmiß jede davon gegen die Wand, aber keine blieb so haften wie „Keške" und er sagte: ‚So wie diese Speise an der Wand haftet, so wird sie auch ans Herz kleben' und fing an zu essen."

Fladen mit Säuerling

1 kg Weizenmehl
1 Tasse Öl
½ Päckchen Backpulver
Mineralwasser, Salz
Fett

Mehl durchsieben, salzen, Öl und im Wasser verrührtes Backpulver beimischen. Teig mit Mineralwasser zubereiten, damit er locker ist. Teig ausrollen und auf einem gefetteten Backblech backen.

Bemerkung:
Da Bosnien reich an Mineralquellen ist, wurde Brot früher mit Mineralwasser zubereitet. Heute wird diese Brotart nur in der Gegend von Sarajevo und Tešanj hergestellt.

Fladen ist eine Brotart, die ohne Hefe zubereitet wird und viel dünner als Brot ist. Früher wurde es zusammen mit Brot gebacken. Es galt allgemein der Glaube, wenn die obere Fladenschicht aufbricht, dann bekommt man Besuch, oder man wird diesen Fladen jemandem zu Besuch tragen.

Hausgebackenes Brot

2 kg Mehl
1,5 l Wasser
30 g Hefe
2 EL Salz
etwas Zucker

Hefe mit etwas lauwarmem Wasser oder Milch und Zucker verrühren und gehen lassen. Gesiebtes Mehl, inmitten Hefe, Salz und lauwarmes Wasser zugeben, Teig kneten und im Warmen gehen lassen. Backen im vorgewärmten Backofen.
Sie können das Brot auch mit Zugabe von Kartoffeln vorbereiten, die vorher mit der Schale gekocht, geschält und durch ein Sieb passiert werden.
Auf die oben genannte Menge Mehl wird noch ca. 500 g Kartoffeln und etwas Wasser, ca. 1 Liter zugegeben.

Früher haben Frauen bei Mangel von Hefe das Brot vom vorherigen Tag in lauwarmes Wasser eingetaucht und es der Masse zugegeben. Das Brot wurde meist abends vorbereitet, über Nacht ließ man es gehen, und Morgens wurde es gebacken.
Man nahm an, daß die Mischung aus Weizen (2,25 kg) − Roggenmehl (250 g) das beste Brot ergibt, nur daß dann viel härter geknetet wurde, als für Weizenbrot. Um das Brot weicher zu bekommen wurde manches-

mal der Teig mit 3−4 gekochten und zerdrückten Kartoffeln untermischt. Das Brot wurde je nach Gegend aus verschiedenen, beinahe aus allen Mehlsorten gebacken, in den Talgegenden meistens aber aus Maismehl vorbereitet, während an Festtagen selbstverständlich das Weizenbrot serviert wurde. Ganz gleich aus welcher Sorte Mehl das Brot oder ähnliche Brotformen wie Somun (welches kleiner aber flacher aussieht) gebakken wurden, die Vorbereitung war die gleiche. In der Fastenzeit stellte das Bäckersbrot oder Somun einen besonderen Leckerbissen dar.

Im Volksmunde sagte man: „Solange das Brot reicht, kein Hunger, soweit die Zwiebeln reichen, keine Dürre."

Brot

2,5 kg Mehl
50 g Salz
30 g frische Hefe
Schweinefett

Mehl, Salz und die gegangene Hefe mit lauwarmem Wasser zu einem Teig verkneten, mit einem Tuch bedecken und im Warmen gehen lassen. Wenn der Teig aufgeht, aufs neue durchkneten, einen runden Ball formen, in die vorgefettete Form geben, mit einem Tuch bedecken und wieder gehen lassen. Danach flachdrücken, in die vorgefettete Form geben und bei mäßiger Hitze backen.

Früher wurde Brot auf mehrere Arten gebacken, aber am häufigsten wurden Tongefäße gebraucht. Erst später hat man besondere Kamine gemauert in welchen neben dem Brot auch das Fleisch gebraten wurde. In manchen Montenegriner Gegenden, falls kein Metalldeckel – Saće – vorhanden war, wurden auf die gereinigte Herdplatte ein paar Kohlblätter gelegt, dann Teig, wieder Kohlblätter und dann die Kohlenglut verstreut. Darauf wurde das Feuer angefacht.

Jufka – ausgerollter Teig

500 g Mehl
2 Eier
³/₄ l Milch
¹/₄ l Wasser
Butter
Salz

Aus Mehl, Eiern und wenig lauwarmem Wasser einen harten Teig kneten und in dünne Blätter ausrollen (dünner als für Suppennudeln) und die Blätter trocknen lassen. Blätter rollen wie eine Roulade, dann in dünne Streifen schneiden, nun aber breiter als für Suppennudeln.

Milch und Wasser in einem Topf zum Kochen bringen, Teigstreifen dazugeben und auf mäßigem Feuer weiterkochen. Wenn die Nudeln gar sind, etwas Butter dazugeben und mischen.

Die Benennung „Jufka" stammt von einem arabischen Wort ab, welches in etwa „dünnes Häutchen" bedeutet und eine Art Teigware ist, die zur Herstellung von Blätterkuchen – Pita gebraucht wird.

Man sagt: „Welche Pita man essen möchte, solche „Jufka" bereitest du dir".

Krautfleckerln

Teig:
500 g Mehl
3 Eier
Salz

Füllung:
1 Krautkopf
2 EL Fett
Salz, Pfeffer

Mehl, Salz, Eier und lauwarmes Wasser zu einem Teig kneten, wie für Nudelteig. 30 Minuten stehen lassen und mit einem Nudelwalker in 3 Blätter ausrollen. Teig in Vierecke schneiden, auf Küchentüchern trocknen lassen, und im Salzwasser kochen. Abseihen, dann mit warmem Wasser übergießen und wieder abseihen.

Kraut mit Reibeisen in Streifen schneiden, kurz im Fett anbraten, salzen und dünsten, bis das Kraut weich wird und eine schöne gelbe Farbe erhält. Teigfleckchen dem Kraut zugeben, pfeffern und durchmischen.

Teigfleckerl mit gekochtem Schinken

Teig:
500 g Mehl
3 Eier
Salz

Füllung:
1 EL Fett
150 g Schinken
100 ml saure Sahne
2 Eiergelb
Semmelbrösel

Die Teigfleckerl wie schon im vorgehenden Rezept erklärt, vorbereiten. In Salzwasser kochen, in dem Sieb ausschütteln, mit lauwarmem Wasser übergießen und abseihen. In einen Topf geben, mit dem dazugegebenen kleingehackten Schinken und saurer Sahne, die vorher mit dem Eigelb verrührt wurde, zusammenmischen. In eine vorgefettete und mit Semmelbröseln bestreute feuerfeste Form auslegen. Mit geschmolzenem Fett übergießen und im Backofen backen lassen.

Käsetäschchen

Teig:
500 g Mehl
2 Eier
Salz

Füllung:
250 g Topfen
100−200 g Butter
1 Teelöffel Salz

Überguß:
1 EL Fett
1 EL saure Sahne
überbackene Semmelbrösel

Mehl, Salz, Eier und lauwarmes Wasser knetend zu einem Teig verarbeiten (wie für den Nudelteig) und in dünne Blätter auswalken. Zerdrückten Topfen, Butter und Salz zusammenrühren, bis die Masse schaumig wird.
Auf eine Blatthälfte kleine Häufchen der Füllung geben, in Abständen von ca. 5 cm. Mit der anderen Blatthälfte bedecken. Den Zwischenraum leicht mit den Fingern andrücken und mit dem Teigrädchen oder Messer viereckige Täschchen ausschneiden.

In einem etwas größeren Topf das Wasser zum Kochen bringen und die Täschchen leicht hineingleiten lassen. Weiterhin kochen lassen, bis sie auf der Oberfläche auftauchen.

Mit einem Schöpflöffel vorsichtig aus dem Wasser herausnehmen und in einem Sieb abseihen lassen.

Abgesiebte Täschchen in eine Schüssel legen. In das geschmolzene Fett saure Sahne vermischen, die Täschchen übergießen und mit den überbackenen Semmelbröseln bestreuen.

Kulak − Teigöhrchen

Teig:
500 g Mehl
2 Eier
Milch, Salz
10 g Fett

Füllung:
500 g Fleisch
2 Zwiebeln
Salz, Pfeffer
Saure Sahne oder saure Milch
Knoblauch nach Wunsch

Mehl, Eier, Milch, Fett und etwas Salz zu einem Teig verkneten, auswalzen und in Vierecke schneiden. In der Zwischenzeit die Zwiebeln feinhacken, gehacktes Fleisch, Salz und Pfeffer zugeben und gut durchmischen. Auf die Hälfte des Vierecks die Füllung geben, überschlagen, die Enden gut zudrücken und im Salzwasser kochen. Anschließend die Kulaks in die vorgefettete Form legen, mit saurer Sahne oder saurer Milch übergießen, nach Wunsch zerdrückten Knoblauch zugeben, im Backofen backen.

Kulaks müssen Sie nicht backen, Sie können sie auch gekocht mit Butter oder saurer Milch übergießen.

Kulak oder „Klepe" würde wörtlich Ohr bedeuten.

Mantije − „Kutten"

Teig:
500 g Mehl
100 g Öl oder Fett
Salz

Füllung:
500 g gehacktes Schweinefleisch
20 g Öl
3 Zwiebeln
Salz, Pfeffer
1 Prise roten Paprika (edelsüß)

Mehl, Öl, eine Prise Salz mit lauwarmem Wasser zu einem Teig kneten (weicher als den Teig für Nudeln). Gut durchkneten und ca. 20 Minuten stehenlassen. Den Teig dünner ausrollen und in größere Vierecke schneiden. Die feingehackten Zwiebeln im Öl anbraten, Fleisch und rote Paprika zugeben, salzen und pfeffern. Auf die Mitte der Vierecke die Füllung geben. Die andere Hälfte des Quadrates über die Füllung umklappen. Eine Blechform anfetten, die zusammengeklappten Teigtäschchen so nebeneinander setzen, daß die Enden nach unten gekehrt sind. Im vorgewärmten Backofen auf 200°C backen. Die gebackenen „Kutten" mit Wasser bespritzen und mit einem Küchentuch überdecken. Kalt oder warm servieren. „Kutten" sind eine Spezialität aus Kosovo, wo sie in der Schlachtzeit vorbereitet werden.

Žlinkrofi (Taschen) „Idrija" Art (s. Abb. 5)

Teig:
500 g Mehl
3 Eigelb oder Eier
1,5 dl Milch
50 g Öl oder Schweineschmalz
gesalzenes Wasser

Fülle:
1 kg passierte Kartoffeln
50 g Schweineschmalz oder „Zaseka"
  (gemahlener Speck mit Gewürzen)
3 Eiweiß
Pfeffer, Zimt, Majoran
Semmelbrösel, Petersilie

Mehl, Eigelb und Milch zu einem Teig wie für Nudeln verarbeiten und eine halbe Stunde bedeckt warmstellen. Dann mit dem Rollholz in Vierecke dünn austreiben. Die Fülle häufchenweise in Nußgröße auf einen Teil des Teiges mit Abstand auftragen. Den zweiten Teil des ausgetriebenen Teiges darübergeben und den Teig mit einem Messer der Länge und Breite nach sachte zerschneiden, womit viereckige Stücke mit Fülle in der Mitte entstehen. Die Teigränder mit Eiweiß bestreichen und mit den Fingern zusammendrücken, damit sie verkleben. Die Taschen kocht man in gesalzenem Wasser, seiht sie durch ein Sieb, legt sie in eine Schüssel und übergießt mit Schmalz. Mit „Bakalca" (Einmachsuppe von Schafbockfleisch) anrichten.

Fülle:
die gekochten und passierten Kartoffeln mit Schmalz oder „Zaseka" vermengen. Eiweiß, Pfeffer, Zimt, Majoran, Semmelbrösel und feingehackte Petersilie beifügen. Verrühren und nußgroße Häufchen formen.

„Žlinkrofi" sind eine slowenische Spezialität. Sie werden zu „Bakalca" oder sonstigen Einmachsuppen von Fleisch aufgetragen. Als selbständige Speise werden sie mit Salat serviert. Als einstige Ritualspeise, werden „Žlinkrofi" heutzutage bei festlichen Angelegenheiten mit Kartoffeln und Selchfleisch, bzw. alltäglich mit sauren Rüben oder Sauerkraut gefüllt.

Štrukli mit Topfen (Quark)
(Gekochter Topfenstrudel – Abb. 6)

Teig:
500 g Mehl
2 EL Öl
1 Ei
Salz
Öl oder zerlassene Butter
*   zum Bestreichen*

Fülle:
300 g Topfen (Quark)
2 Eier
2 dl saure Sahne

Zum Abschmalzen:
100 g Butter
150 g Semmelbrösel

Aus Mehl, Ei, Öl, etwas Salz und lauwarmem Wasser einen Strudelteig bereiten, in zwei Teile teilen und rasten lassen. Den Topfen mit einer Gabel zerdrücken und Eigelb, saure Sahne und Eisschnee beifügen, salzen.

Den Teig 5 mm dick ausziehen und mit Öl oder zerlassener Butter bespritzen oder bestreichen. Die Fülle gleichmäßig auf jeden Teigteil verteilen und einrollen. Den Strudel mit der flachen Messerseite in Stücke schneiden, damit die Ränder verkleben und der Topfen nicht herausrinnt. In Salzwasser kochen.

Die Semmelbrösel in Butter rösten, die Štrukli damit übergießen und auftragen. Die Štrukli kann man auch mit abgetriebener Sahne und Eigelb begießen und im Ofen überbacken.

Es ist sehr schwierig, etwas Näheres über den Ursprung der Štrukli zu sagen, weil sie eine sehr alte Volksspeise darstellen. Man vermutet, daß sie aus Dolenjsko in Slowenien herrühren. Über die berühmten Štrukli nach Pehtran (mit Estragon) findet man Urschriften schon aus dem Jahre 1589. Einstens konnte man sich kein größeres Fest in Slowenien und Kroation ohne Štrukli vorstellen, obwohl man sie öfters auch zum Frühstück servierte. Sie werden mit verschiedenen Füllen bereitet. Bekannt sind Štrukli mit Topfen, mit Nüssen, a la Pehtran, aus Heidekorn und von Kartoffeln.

Käseklöße

1 kg Topfen
100 g Grießmehl
2 Fier
100 g Fett
Mehl
50 g Semmelbrösel
Salz

Fett gut umrühren, zerdrückten Topfen und Grieß zugeben und 2 Stunden stehenlassen. Der Grieß quillt. In die so zubereitete Masse etwas Mehl geben, verrühren und in Klößchen formen. Auf mäßigem Feuer im Salzwasser kochen. Den gekochten Teig abseihen, in Semmelbrösel wälzen, die vorher im Fett leicht angebraten werden. Wenn wir in den Teig Zucker geben, werden die Klößchen zum süßen Leckerbissen.

Abb. 5: Žlinkrofi (Taschen) „Idrija" Art (Rezept S. 31)

Abb. 6: Štrukli mit Topfen (Rezept S. 32)

Abb. 7: Savijeni Burek – Strudelrolle (Rezept S. 33)

Abb. 8: Kraut-Pita (Rezept S. 38)

Priganice – Fritteln

500 g schwarzes Mehl
20 g Hefe oder
*   ein Päckchen Trockenhefe*
Rahmsahne u. fetthaltigen Schafkäse
Salz, Öl

Hefe mit etwas lauwarmem Wasser übergießen, etwas Mehl und Salz dazugeben und gehen lassen. Mehl, Hefe und lauwarmes Wasser zu einem Teig kneten und gut ausklopfen. Mit Hilfe eines Löffels den Teig abteilen und in heißem Fett anbraten. Servieren Sie es mit Schafskäse oder Rahmsahne.

Fritteln – Frittlunge werden überall in Jugoslawien zubereitet. Sie werden meistens mit Käse gegessen, nur in manchen Gebieten werden sie mit Sauermilch, vermischt mit zerdrücktem Knoblauch serviert. Sie werden nur warm gegessen, sobald sie abkühlen, werden sie hart. Der Brauch war, daß die Hirten Fritteln am Heiligen Abend aßen und die Magd, die sie vorbereitete, mußte während sie sie fritierte ein Stück Holz im Munde halten, damit sie nicht sprechen oder die Fritteln probieren konnte.

Mütter haben Töchtern nach der Geburt eines Kindes als Geschenk Fritteln mitgebracht und in Herzegowina durften die Mädchen an ihrem Hochzeitstag nur Fritteln essen.

Grieben Pogatsche – Fladen

500 g Mehl
500 g Grieben
2 Eigelb
20 g Hefe
2 EL Milch
1 Gläschen Weißwein
100 g Butter
Zucker

Hefe mit Milch übergießen, eine Prise Zucker zugeben und gehen lassen.
Mehl, feingehackte oder gemahlene Grieben, Eigelb, Weißwein und gegangene Hefe gut vermischen, daraus einen Teig kneten und mit Butter bestreichen. Den Teig wie ein Buch zuklappen, ca. 15 Minuten stehenlassen und noch einmal auswalken, wieder wie ein Buch zuklappen, 15 Minuten stehenlassen. Den Vorgang nochmals wiederholen. Den Teig 1 cm dünn auswalken. Mit einem Model die Pogatschen herausnehmen und mit großem Abstand auf das vorgefettete Blech legen. Mit verrührtem Eigelb bestreichen und an einen warmen Ort stellen, bis der Teig aufgeht. Ungefähr 30 Minuten im Ofen backen.

Savijeni Burek – Strudelrolle (s. Abb. 7)

500 g Mehl
25 g Fett
Salz, lauwarmes Wasser
etwas Fett oder Öl um die Blätter zu
*   bestreichen*

Füllung:
500 g Schweinefleisch und
250 g Rindfleisch
4 Zwiebeln
25 g Fett
2 Eigelb
Salz, Pfeffer

Mehl auf dem Tisch anhäufen, in der Mitte eine Vertiefung machen, Fett mit Salz hineingeben und mit lauwarmem Wasser mischen. Den Teig in 4 Teile teilen, Bälle formen und auf ein mit Mehl bestreutes Nudelbrett legen. Aus jedem Teil ein dünnes Blatt ausrollen. Die Blätter auf einem Tischtuch ausbreiten und kurz trocknen lassen, sie dürfen aber nicht zu trocken werden. Während dessen bereiten Sie die Füllung vor: Fleisch kleinhacken oder durch die Fleischmaschine drehen, Zwiebeln kleinhacken, Fett und Eigelb zugeben. Salzen, pfeffern und gut durchmischen. Ein Blatt mit Fett bestreichen und dann beidseitig die Enden umklappen, sodaß sie sich in der Mitte treffen. Die Füllung in der Mitte verteilen und als Tragkranz in die Mitte der vorgefetteten Blechform legen. Auf die gleiche Weise legt man in diesen mittleren Tragkranz die weiteren Rollen dazu, bis die Form aufgefüllt ist. Die gerollten Blätter oben mit Fett bestreichen und bis zum Braun werden backen. Wenn die Strudelrolle fertig ist, mit lauwarmem Salzwasser, dem man etwas Fett zufügte, bespritzen, anschließend in den Backofen zurückstellen, damit der „Burek" weicher wird. Die Strudelrolle − Burek können Sie nach Wunsch mit Sauersahne übergießen. Die Füllung kann auch aus anderen Zutaten hergestellt werden.

Burek − Strudelrolle-Füllung

Aus Schaffleisch:
500 g von Schafskeule
500 g Rindfleisch
1 Ei
3−4 Zwiebeln
¹/₂ EL Fett
Salz, Pfeffer

Das Fleisch hacken, gehackte Zwiebeln und Fett dazutun. Salzen, pfeffern und gut durchmischen.

Aus Schweinefleisch:
500 g Schweinefleisch
500 g Rindfleisch
4 Zwiebeln
1 Ei
Salz, Pfeffer

Das Fleisch hacken, gehackte Zwiebeln und Ei dazutun. Salzen, pfeffern und gut durchmischen.

Pita Ičija − Gefüllter Pitenteig nach „Ičija" Art

Teig:
500 g Mehl
50 g Öl
Salz, lauwarmes Wasser
Öl um die Blätter zu bestreichen

Füllung:
500 g geräuchertes Fleisch
3−4 Knoblauchzehen
Saft ¹/₂ Zitrone (oder Essig)
Fett

Die Machart der Blätter gleicht der für die Strudelrolle. Ausgewalkte Blätter trocknen lassen, während Sie in der Zwischenzeit die Füllung vorbereiten. Geräuchertes Fleisch in kleine Stücke schneiden, im Wasser kochen. Wenn es gekocht ist, in noch kleinere Stückchen zerhacken. In die Fleischbrühe zerdrückte Knoblauchzehen und Zitronensaft oder Essig geben. Die Blätter mit Fett bestreichen, zu einem Kranz aufrollen und die vorgefettete Form damit ausfüllen. In den Backofen stellen. Wenn die Pita gebacken ist, mit Fleischbrühe übergießen, die übrigen Fleischstückchen daraufstreuen, in den Backofen zurückstellen und fertigbacken.

Man muß nicht unbedingt Knoblauch und Zitronensaft in die Fleischbrühe geben. Die gleiche Pita-Ičija kann man auch auf eine andere Art vorbereiten:

Geräuchertes Fleisch im Wasser kochen, kleinhacken und damit die vorgefetteten Blätter auffüllen. In den Backofen stellen. Die gebackene Pita mit der Mischung aus Fleischbrühe, zerdrücktem Knoblauch und Zitronensaft übergießen und im Backofen überbacken.

Am häufigsten bereitet man Käse-Topfen-Pita vor und das folgendermaßen: Für die Füllung die Eier in einem Becher verquirlen, mit Topfen und Salz vermischen. Blätter einzeln auf den Tisch legen, mit Fett bestreichen, Füllung darauf verteilen und aufgerollt in die vorgefettete Form legen. Backen. So wird die Knitter-Pita gemacht und wenn die Blätter übereinander gelegt werden, nennt man sie dann Gelegte-Pita.

Will man die Pita weich haben, so muß man sie übergießen: In die Pfanne Wasser und Fett gießen, kochen lassen, damit die Pita übergießen, in den Backofen schieben und backen.

Fasten-Pita wird mit Reis oder Kohl gefüllt, oder oft werden auch nur die leeren Blätter zusammengerollt und mit Öl bespritzt. Gelegte-Pita wird nicht als Fasten-Pita zubereitet.

An der bosnischen Ernährung spielt die Pita wie auch der Burek eine wichtige Rolle, oft ersetzt es auch ein komplettes Essen und gewöhnlich wird Milch danach serviert.

Früher konnte man sich kein Fest ohne Pita denken, und die Pita wurde auch unangemeldeten Gästen angeboten, so daß in jedem Haus immer soviel Weizenmehl vorhanden war, um wenigstens eine Pita herstellen zu können.

Weißkraut-Pita

Teig:
500 g Mehl
50 g Fett
Salz, lauwarmes Wasser
Fett um die Blätter zu bestreichen

Füllung:
1 Weißkrautkopf (1 kg)
1 Zuckerwürfel
50 g Fett
200 ml saure Sahne
Salz, Pfeffer

Die Blätter werden auf die gleiche Art wie auch die für die Strudelrolle hergestellt. Wenn sie genügend trocken sind, mit Fett bestreichen. Geputzten Krautkopf in kleine Streifen schneiden, wie für die Nudeln, salzen und 20 Minuten stehen lassen. Kraut abseihen. Im Fett angebratenen Zucker zugeben. Gut durchmischen, rösten, pfeffern und saure Sahne zufügen (etwas übrig lassen für den Überguß).

Eine Rolle aufrollen, dann kranzartig in die vorgefettete Blechform auslegen und im Backofen backen. Sobald die Pita fertig ist, mit saurer Sahne übergießen, aufschneiden und warm servieren.
Ähnlich wird auch die Fasten-Pita mit Weißkraut hergestellt. Anstelle von Fett wird Öl genommen.

Die Benennung Pita kommt aus der griechischen Sprache und bezeichnet das Essen aus Blätterteig (Jufka) und verschiedenen Füllungen.

Käse-Strudel-Pita

Teig:
500 g Mehl
25 g Fett
Salz, lauwarmes Wasser
Fett (Öl) um die Blätter zu bestreichen

Füllung:
500 g Topfen
250 g Rahmsahne
3 Eier
Salz

Die Blätter werden auf die gleiche Art wie auch die für die Strudelrolle hergestellt, nur wird anstelle vom Fleisch eine Topfenfüllung ausgelegt. Topfen nach Wunsch salzen, zerdrücken, Eier mit Rahmsahne zugeben und mit der Füllung die Blätter bestreichen. Teig aufrollen, zu einem Kranz formen, oben mit Fett bepinseln. In den Backofen stellen.

Reis-Pita

Teig:
500 g Mehl
50 g Öl
Salz, lauwarmes Wasser
Öl um die Blätter zu bestreichen

Füllung:
1 Tasse Reis (200 g)
3 Eigelb
3 Eiweiß
500 g saure Sahne
50 g Butter

Die Blätter werden auf die gleiche Art wie auch die für die Strudelrolle hergestellt. Ausgerollte Blätter trocknen lassen. In der Zwischenzeit stellen Sie die Füllung her. Reis in 2 Tassen Wasser kochen, salzen, Eigelb dazugeben, saure Sahne (etwas für den Überguß übrig lassen), Butter und Eiweißschnee. Alles zusammen gut durchmischen. Auf die mit Öl befetteten Blätter die Füllung verteilen. Blätter aufrollen, zu einem Kranz formen und in der vorgefetteten Form, in den vorgewärmten Backofen stellen. Gebackene Pita mit saurer Sahne abschmecken.

36

Gibanica − Käsestrudel

Teig:
1 kg Mehl
2 EL Öl
Salz
Fett um die Blätter zu bestreichen

Füllung:
1 kg Topfen
250 g Rahmsahne
8 Eier
200 ml Milch

Auf einem Nudelbrett oder Tisch Mehl anhäufen, Öl zugeben, salzen und mit lauwarmem Wasser so lange kneten, bis sich der Teig leicht von den Fingern und dem Nudelbrett ablöst und weich wird. In 10 Stücke schneiden und in kleine Blätter ausrollen. Mit erwärmtem Fett bestreichen und bedeckt mit einem Küchentuch 20 Minuten stehen lassen. Wenn der Teig geruht hat, Blätter einzeln dünn auswalken und auf der Herdplatte, auf beiden Seiten anbraten. Eier verquirlen, in einer Schüssel zusammen mit zerdrücktem Topfen, Rahmsahne und Milch gut vermischen. Das erste Blatt in die vorgefettete Form auslegen, mit geschmolzenem Fett bespritzen, darauf das zweite Blatt legen, wieder mit Fett bespritzen und das dritte Blatt mit der Füllung bestreichen. Wiederholen Sie den Arbeitsvorgang, bis Sie alle Blätter und die Füllung aufgebraucht haben. Gebackenen und abgekühlten Käsestrudel auf einen Teller legen und in Schnitten schneiden.

Anmerkung:
Die Blätter bitte nicht zu sehr mit Fett bespritzen, damit der Käsestrudel nicht zu fettig wird.

Gefüllter Blätterteigkuchen − Loparnica

500 g Blätter für Käsestrudel
250 g Spinat
250 g Pilze (Champignons)
250 g Möhren
250 g Topfen
250 g Weißkraut
250 g Butter
250 g saure Sahne
4 Eier
100 g Tomaten
250 g Zwiebeln
Petersilie, Muskat
2 Suppenwürfel (Rindfleisch)
Salz, Pfeffer

In einem Topf ½ l Wasser mit einem Suppenwürfel aufkochen lassen. Geputzten und gewaschenen Spinat 7 Minuten kochen lassen. Abtropfen, kleinhacken, salzen, pfeffern und geriebene Muskatnuß mit Ei zugeben. Pilze in Blättchen schneiden und mit feingehackten Zwiebeln andünsten. Etwas Suppenbrühe eingießen. Pfeffern und mit feingehackter Petersilie bestreuen. In Ringe geschnittene Möhren zusammen mit der Suppenbrühe auf etwas Butter garen lassen. Weißkraut kleinhacken und ebenso auf Butter andünsten. Von Zeit zu Zeit Suppenbrühe eingießen und wenn das Kraut weichgekocht ist, Petersilie und würfelig geschnittene Tomaten dazugeben. Salzen und Pfeffern. Topfen zerdrücken, mit Salz und Eiern vermischen.
In die mit Butter bestrichene feuerfeste Schüssel ein Blatt auslegen, mit saurer Sahne bestreichen, Spinatfüllung darauf, mit dem nächsten Blatt bedecken und mit saurer Sahne bestreichen, mit Butter bespritzen und

die Möhrenfüllung verteilen. Wieder mit einem Blatt bedecken, mit saurer Sahne bestreichen und mit Butter bespritzen, worauf dann die Topfenfüllung verteilt wird. Gleichermaßen die Blätter abwechselnd mit der Füllung aus Pilzen und Weißkraut weiterreihen. Das obere Blatt mit saurer Sahne und Butter bestreichen und im Backofen bei 200°C ca. 1 Stunde bakken. Zeitweise mit der Brühe begießen, die aus ¼ l Wasser, einem Suppenwürfel, vermischt mit Eigelb und Eiweißschnee vorbereitet wurde.

Loparnica ist eine Strudelart, welche früher im Brot-Backofen gebacken wurde. Auf einem breiten Holzbrett mit einem langen Hebel (Lopar) wurde sie in den Ofen geschoben und mit Glut zugedeckt. So gebacken war sie besonders schmackhaft.

Kraut-Pita (s. Abb. 8)

1,4 kg dünne Blätter für Pita
1,2 kg Topfen
300 g Rahmsahne
1,2 kg Spinat – wenn gefroren 350 g
40 ml Öl
40 ml Milch
40 ml Sauermilch
Mineralwasser – Sodawasser
9 Eier, Salz

In einer tiefen Schüssel die Eier verquirlen, zerdrückten Topfen, Rahmsahne, Milch wie auch Sauermilch, Mineralwasser und Spinat, der vorher überbrüht und feingehackt wurde, dazugeben. Um die Masse zu vereinen, gut mit dem Löffel verrühren. In die vorgeölte Blechform ein großes Blatt einlegen, sodaß alle vier Enden überstehen, mit Öl bespritzen

und ein zweites Blatt einlegen. Blatt für Blatt zerknittern und in die vorbereitete Mischung eintauchen. Eines neben dem anderen in die Form legen und den Vorgang wiederholen, bis alle Blätter und Füllung aufgebraucht sind. Am Schluß die Enden der ersten beiden Blätter umschlagen, mit Öl bespritzen, darauf noch zwei Blätter legen und wieder mit Öl bespritzen. Bei mäßiger Hitze von 200–220°C etwa 1 Stunde im Backofen backen. Wenn die Pita eine schöne rote Farbe bekommt, Alufolie darüberlegen. Wenn die Pita fertig ist, überschüssiges Fett entfernen und in Schnitten schneiden.

Bučnica – Kürbisstrudel

Teig:
500 g Mehl
1 Ei
1 EL Fett
Milch

Füllung:
800 g Kürbis
500 g Topfen
200 ml saure Sahne
2 Eier
Maismehl, Salz

Mehl, Eier, Fett und etwas warme Milch zu einem Teig kneten und in 3 Teile teilen. Die Blätter ausrollen und der Blechformgröße anpassen. Kürbis reiben, salzen und kurz stehenlassen. Abtropfen, den Topfen, verquirlte Eier und saure Sahne zugeben und gut durchmischen. In die vorgefettete Blechform ein Blatt legen, mit der Füllung bestreichen und Maismehl streuen, zweites Blatt mit der Füllung belegen und ein drittes obenauf mit saurer Sahne übergießen. Bei mäßiger Hitze backen.

Kol-Pita

Teig:
800 g Mehl
Salz
150 g Öl

Füllung:
400 g Topfen
200 g saure Sahne
2 Eier, Salz
150 g saure Sahne zum Bestreichen

Mehl, Öl, etwas Salz und lauwarmes Wasser zu einem Teig kneten. In 3 Teile teilen, mit einem Küchentuch bedeckt 20 Minuten stehen lassen. Dickere Blätter auswalken. Topfen zerdrücken, verquirlte Eier und saure Sahne dazugeben und salzen. Die Blätter zur Hälfte mit Füllung belegen und rollen. In die vorgefettete Form kranzartig von der Mitte aus legen. In den Backofen stellen und öfters mit saurer Sahne bestreichen.

Blätter

Teig:
500 g Mehl
1 Ei
Salz

Füllung:
500 g Fleisch
2 Zwiebeln
Salz, Pfeffer
Butter oder Öl, Essig, Knoblauch

Mehl, Eier, Prise Salz und lauwarmes Wasser zu einem Teig verkneten. Die Blätter auswalken und in 4 Teile teilen. Beidseitig auf der Herdplatte anbacken. Fleisch kleinhacken oder faschieren und mit feingehackten Zwiebeln anbraten. Salzen, pfeffern und gut mischen. In einem Topf das Wasser aufkochen lassen, die angebackenen Blätter eintauchen, rausholen, abtropfen und in die vorgefettete Blechform auslegen. Fleisch streuen. Wechselweise aufreihen bis die vorbereiteten Zutaten verbraucht sind. Mit Fett bespritzen und im Backofen backen. Wenn die „Blätter" fertig sind, Knoblauch zerdrükken, in den Essig geben und damit die Blätter begießen.

Filije – Eine Art Eierpfannkuchen

500 g Mehl
3–4 Eier
200 ml Milch
500 ml Rahmsahne
Salz, Sauermilch

Die Eier gut verquirlen, wechselweise Mehl, Milch und Wasser zugeben und salzen. Den Teig dicker als für Eierpfannkuchen machen. Die Pfanne erwärmen, mit Rahmsahne bestreichen, dünne Teigschicht übergießen und in den Backofen. Wenn der Teig gebacken ist, mit Rahmsahne nochmals bestreichen und neue Teigschicht übergießen. Wieder bakken. Dies schrittweise wiederholen, bis alle vorbereiteten Zutaten aufgebraucht sind. Wenn der Teig gebakken ist, abkühlen und mit Sauermilch anbieten.

Pera – Quarkkuchen

Teig:
1,25 kg Mehl
50 ml Öl
50 ml Milch, Salz

Füllung:
1 Topfen-Käse
1 Ei
Mehl, Salz

Überguß:
200 ml saure Sahne
1 Ei

Mehl, Öl, Milch und eine Prise Salz zum Teig kneten und 1 Stunde stehen lassen.
Topfen zerdrücken, mit Ei vermischen, Mehl zugeben, salzen. Teig auf die Blechbodengröße auswalken und die Teigenden nach innen schlagen. Topfenfüllung verstreichen und mit dem Sauersahne-Ei-Gemisch übergießen. Im Backofen backen, warm anbieten.

Lukmira – Pikante Eierpfannkuchen

600 g Mehl
100 ml Öl
1 Tasse Wasser
Knoblauch, Salz, Essig
3 EL Öl um Backblech zu beölen

Öl mit Wasser vermischen, salzen, Mehl zugeben und einen harten Teig kneten. Noch etwas Wasser zugießen um einen Teig wie für Eierpfannkuchen zu bekommen. 3 Eßlöffel Öl auf den Blechboden verstreichen, erwärmen, Teig eingießen. Im Backofen backen, anschließend mit der Mischung aus Essig und zerdrücktem Knoblauch übergießen.

Jajčarnik – Eine Art von Quarkstrudel

500 g Mehl
6 Eier
200 ml Milch
300 g Topfen
Butter, Salz, Wasser

Mehl, eine Prise Salz und lauwarmes Wasser zu einem Teig kneten (mittelhart). 1 cm dick auswalken. Ein Blatt, blechformgroß ausschneiden, in die vorgefettete Blechform auslegen und mit geschmolzener Butter bespritzen. Das Übrige vom Teig trocknen lassen. Eier verquirlen, Milch und zerdrückten Topfen zugeben und mischen. Teigblatt mit der Füllung belegen und mit dem getrockneten Teigblatt bedecken. Mit erwärmter Butter bespritzen. Im Backofen backen.

Užička Proja – Warme Vorspeise nach „Užice" Art

1 kg Maismehl
5 Eier
300 g Topfen
150 g Rahmsahne
300 g Grieben
Salz, Fett

Mehl in eine breite Schüssel geben, Eier, zerdrückten Topfen, Rahmsahne und gemahlene Grieben zutun. Salzen, warmes Wasser zufügen und einen weichen Teig kneten. In die vorgefettete Form legen, leicht dehnen, mit Fett begießen. Auf starkem Feuer bis es errötet, backen.

Šumadijska Proja — Warme Vorspeise nach „Šumadija" Art

350 g Topfen
2 EL Rahmsahne
3−4 Eier
8 EL Maismehl
1 Backpulver
2 EL Öl
Milch

Den Topfen zerdrücken, Rahmsahne, Eier, Mehl, Backpulver, Öl und etwas Milch zufügen um eine Mischung dichter als die für Eierpfannkuchen zu bekommen. In die vorgefettete Form geben und in den vorgewärmten Backofen stellen. Achten daß es nicht anbrennt. Die fertige Proja muß eine schöne rote Farbe bekommen und gut durchgebacken sein.

Fische – Krebse Muscheln

Aal vom Grill

1 kg Aal
150 g Speck
Salz, Pfeffer, Öl, Maismehl

Dem Aal unter den Brustflossen um den Kopf herum einen kräftigen Einschnitt machen und die Haut vorsichtig nach unten abziehen. Einschneiden, ausnehmen, waschen und trockentupfen. In größere Stücke schneiden, salzen, pfeffern und in Öl ca. 1 Stunde stehen lassen. Abwechselnd Aal- und Speckstücke am Spickholz aufspicken. Mit Maismehl bestreuen und auf starkem Feuer grillen.

Starlet, gebacken

1 kg Starlet
Weizen- und Maismehl
Paprika edelsüß, Bratöl, Salz, Pfeffer

Fisch säubern, ausnehmen und waschen. Abtropfen lassen. $^3/_4$ Menge Weizenmehl, $^1/_4$ Menge Maismehl mit Pfeffer und Paprika zusammenmischen. Starlet in Mehl wenden und im heißen Öl braten. Mit Kartoffelsalat anrichten.

Karpfen, geräuchert

800 g Räucherkarpfen
60–80 ml Öl
3–4 Knoblauchzehen
150–200 g Butter
Salz

Karpfen schuppen, ausnehmen, Kopf abschneiden. Waschen und abtropfen. Karpfen im Rauch 2 Stunden räuchern. Salzen, in Stücke schneiden und in genügend Fett anbraten. Auf einem Teller garnieren. Erwärmte Butter, feingehackten Knoblauch und Petersilie kurz anbraten und den Karpfen begießen. Mit Salzkartoffeln servieren.

Karpfen in Knoblauch

(für 6–8 Personen)

Karpfen ca. 2 kg
1 Knoblauch (ganz)
1 Teelöffel Mehl
1 Teelöffel Petersilie
$^1/_2$ Teelöffel Salz
$^1/_2$ Teelöffel Paprika edelsüß
2 EL Fett oder 4 EL Öl
5 EL Essig
Salz, Pfeffer

Karpfen ausnehmen, waschen, mit einem scharfen Messer die Haut beidseitig so einritzen, daß die Einschnitte von der Mitte aus zum Schwanz und Kopf hin kleiner werden. Innen und außen salzen und mit halbierten Knoblauchzehen gut einreiben. In einer Holzstampfe 5–6 Knoblauchzehen stampfen. Essig, Mehl, zerhackte Petersilie, Paprika, Salz und Pfeffer zufügen und gut durchmischen.

Karpfen in einen Sud geben, auf dessen Boden vorher kleine Holzbrettchen aufgelegt worden sind, damit die Fischhaut beim Braten nicht anklebt. Mit geschmolzenem Fett oder Öl und der vorbereiteten Knoblauchsoße den Karpfen begießen. Ungefähr 1 Stunde im Backofen goldgelb backen. Öfters mit der Backsoße begießen. Auf einem länglichen Teller mit Salat anrichten.

Karpfen im Sud

1 Karpfen
3—4 Zwiebeln
2—3 Tomaten
2 Eier
4 Knoblauchzehen
500 g Walnüsse
Salz, Pfeffer, Essig, Öl
Paprika edelsüß

Feingehackte Zwiebeln im Fett anbraten, geschnittene Tomaten zufügen. Salzen, pfeffern, Paprika zugeben. Alles in einen Sud geben. Gesäuberten und an ein paar Stellen eingeritzten Karpfen darauflegen. Mit Öl übergießen und in den Backofen stellen. Den zur Hälfte gebackenen Karpfen mit verquirlten Eiern, zerkleinertem Knoblauch, Essig, Öl und gemahlenen Walnüssen übergießen. Anbacken.

Karpfen-Ragout

(für 6—8 Personen)

1,5 kg Karpfen
250 g Zwiebeln
500 g frische Paprika
500 g Tomaten
250 g Reis
50 g Mehl
200 ml Öl
3—4 Pfefferkörner
Salz, Pfeffer, Paprika edelsüß
1 Bund Sellerieblätter
1 Bund Petersilie
1 Lorbeerblatt

Fisch ausnehmen, waschen, in Schnitten schneiden, salzen und in Mehl wälzen. In heißem Öl goldgelb braten. Fisch herausnehmen und im gleichen Öl Zwiebeln in Schnitten, Lorbeerblatt und Pfefferkörner an-

rösten. Wenn die Zwiebeln gar sind, Paprika in Streifen geschnitten auch garziehen lassen. Dann den Reis, Paprika edelsüß zufügen, Wasser eingießen und 15 Minuten kochen. Am Schluß die Hälfte von der Petersilie und die Hälfte von den Sellerieblättern kleinhacken und eine Prise Pfeffer zufügen. Im feuerfesten Sud ausleeren, Fisch auslegen und die geschnittenen Tomaten darauflegen. Mit Sellerie und Petersilie bestreuen und bei mäßigem Feuer im Backofen backen.

Fisch „Smederevo" Art

(s. Abb. 9)

600 g Fisch (Zander oder Wels)
200 g Zwiebeln
120 g Öl
4 Fleischpaprika
200 g Tomaten
5 dl Wein
2 scharfe kleine Paprikaschoten
Salz, Pfeffer
Mehl
Petersilie

Den Fisch putzen und in Filets schneiden. Mit Salz und Pfeffer würzen, mit Zitronensaft benetzen und im Kühlschrank 10 Minuten stehen lassen. Den Fisch im Mehl wenden und in Öl von beiden Seiten braten. Die gebratenen Filets in eine feuerfeste Form legen.
In der Zwischenzeit feingehackte Zwiebeln, Paprikaschoten, Tomaten und die scharfen kleinen Paprika rösten, mit Wein aufgießen und ein wenig dünsten.
Den Fisch mit dem gedünsteten Gemüse übergießen und im Ofen braten.

Fisch Paprikasch

(für 6 Personen)

2 kg Fisch (Karpfen oder Wels)
80 g Öl oder Fett
5 Zwiebeln
1 EL Paprika edelsüß
2 grüne, frische Paprika, Salz

Fisch schuppen, ausnehmen, waschen und salzen. In einen Topf geben, abdecken und 20 Minuten stehenlassen. Feingehackte Zwiebeln auf angewärmtem Fett oder Öl goldgelb rösten und Paprika edelsüß zufügen. Mischen und Fischstücke auflegen. Abdecken und 20 Minuten dünsten. Lauwarmes Wasser zugießen, daß der Fisch abgedeckt ist, salzen, geschnittene Paprika zufügen und kochen bis der Fisch gar ist und das Wasser verdunstet. In einem tieferen Gefäß anrichten.

Forellen nach Ohrid-Art

4 kleine Forellen
3 Zwiebeln
3 frische Paprika
4 Tomaten
3−4 Knoblauchzehen
1 Glas Weißwein
Salz, Pfeffer, Petersilie, Öl

Feingehackte Zwiebeln leicht anbraten, geschnittene Paprika und Petersilie mit zerdrücktem Knoblauch zugeben. Salzen, pfeffern und weiter braten lassen. Wenn Paprika weich wird, geschälte und geschnittene Tomaten zufügen. Wein eingießen und weiter dünsten. Forellen schuppen, mit Kiemen ausnehmen und durch die Kiemenöffnung die Innereien ausnehmen, sodaß die Forelle ganz bleibt. Forelle salzen, mit Öl bestreichen, auf dem Rost grillen oder im Mehl wälzen und beidseitig im Öl anbraten.

Gebratene Forelle mit der vorbereiteten Füllung ausfüllen, in die vorgefettete Form legen und ausbacken. Mit gekochten Kartoffeln servieren. Mit Zitronenringen und Petersilie garnieren.

Forelle nach Podgorica-Art

800 g Forelle
4 Löffel saure Sahne
4 Knoblauchzehen
Salz, Öl
Petersilie

Forelle ausnehmen, waschen, trockentupfen, salzen, im Mehl wälzen und beidseitig anbraten. Auf ein Teller geben.
Feingehackten Knoblauch und Petersilie in die saure Sahne geben, mischen und die Forelle begießen. Mit Salzkartoffeln anrichten.

Fisch am Schilfrohr

(für 6 Personen)

2 kg Döbel
1,5 kg Zwiebeln
Butter
Petersilie
Paprika edelsüß
Salz

Den Fisch putzen, ausnehmen, waschen, salzen und eine halbe Stunde stehenlassen.

Die Zwiebeln putzen und feingehackt in Butter rösten. Vom Herd zurückziehen und feingehackte Petersilie und Edelsüßpaprika beifügen. Mit dieser Masse den Fisch füllen und mit Butter bestreichen.

Das Schilfrohr, es soll etwas länger als die Fische sein, zerschneiden, reihenweise auf die Grillplatte legen, darauf die Fische geben und braten. Während des Bratens wird der Fisch an das Schilfrohr ankleben und so kleben bleiben. Nochmals Schilfrohr auf die Grillplatte legen und den Fisch wenden, damit auch die andere Fischseite gebraten wird.

Diese Art der Fischbereitung ist für den Dojransee in Mazedonien typisch und dazu werden kleine Fische, Döbel oder Rotflosser, 10−15 cm lang, verwendet. Auf diese Art gebratene Fische sind sehr schmackhaft. Es ist beachtenswert zu bemerken, daß Fische im Dojransee, bekannt als der fischreichste in Europa, auf eine uralte Weise gefangen werden. Jeden Herbst helfen den Fischern beim Fischfang Vögel mit gestutzten Flügeln.

Stockfisch mit Kartoffeln

750 g Stockfisch
500 g Kartoffeln
3−4 Zwiebeln
4 EL Öl
Salz, Petersilie

Stockfisch in kaltes Wasser eintauchen und einen Tag stehen lassen. Das Wasser mehrmals auswechseln. Am nächsten Tag abseihen, mit einem Stampfer den Stockfisch bearbeiten und die Haut herunterziehen.

Wieder einen Tag im Wasser stehen lassen. Herausnehmen, abseihen, in einen Topf Wasser auffüllen, Fisch ca. 1 Stunde bis zum Weichwerden kochen. Herausnehmen, abseihen, von Gräten säubern und zerkleinern. Kartoffeln mit Schale kochen, schälen und in Schnitten schneiden. Zwiebeln in Ringe schneiden, im Öl anbraten. Herausnehmen und auf die Seite stellen. In das Öl, wo die Zwiebeln angebraten wurden, Kartoffeln einlegen, leicht anbraten, Zwiebeln und Stockfisch zugeben und weiter dünsten. Von Zeit zu Zeit schütteln. Mit feingehackter Petersilie garnieren.

Stockfisch-Weißart

300−400 g Stockfisch
Salz, Pfeffer
4 Knoblauchzehen
Petersilie
150 ml Öl

Stockfisch in eine Schüssel geben, mit Wasser überdecken und 2−3 Tage stehen lassen. Das Wasser täglich auswechseln. Das Wasser aufkochen lassen, salzen und beide Seiten 10 Minuten stehen lassen. Stockfisch herausnehmen, entgräten und in eine Schüssel geben. Das Kochwasser aufbewahren. Stockfisch pfeffern, mit Öl übergießen und mit kleingehackter Petersilie und Knoblauch bestreuen. Abdecken und schütteln, bis der Stockfisch milchweiß wird. Stockfisch samt Schüssel über Wasserdampf stellen und 1 Stunde kochen. Nach Gebrauch, Wasserbrühe zugießen.

Der Stockfisch wird im Küstenland sehr geschätzt. Gekocht ergibt er Salat. Er wird mit Öl, Pfeffer, Petersilie und Knoblauch nach Geschmack zubereitet.

Fisch am Grill

1,5 kg Fisch
200 ml Olivenöl
5 Knoblauchzehen
1 Zitrone
1 Zweigerl Rosmarin
Salz
Petersilie

Den Fisch putzen, ausnehmen, waschen, trockentupfen, salzen und auf den geölten Rost legen. Auf beiden Seiten unter öfterem Bepinseln mit Öl braten. Rosmarinzweigerl als Pinsel verwenden. Auf einen Teller geben und mit einer Mischung aus gehacktem Knoblauch, Petersilie und Salz mit Öl übergießen. Mit Zitronenscheiben garnieren.

Brudet − Eine Art Fischeingemachtes, Fischsuppeneintopf

4 kg Fisch (Muräne, Aal, Drachenkopf und andere Seefische)
1 Liter Öl
½ l Weinessig
5 Zwiebeln
1 Bund Petersilie
2−3 Körner Gewürznelke
2 Lorbeerblätter
Salz, Pfeffer, Zimtpulver

Fische säubern, waschen und salzen. Die Zwiebeln in Schnitten schneiden und Petersilie hacken. Abwechselnd eine Reihe Fisch und eine Reihe Zwiebeln aufeinanderreihen. Wenn alles aufgebraucht ist, auf die obere Schicht gehackte Petersilie, Gewürznelke, Lorbeerblatt und eine Messerspitze Zimtpulver verteilen. Pfeffern und salzen, mit Öl und Weinessig (wenn nötig verdünnen) übergießen.

Der Fisch muß mit Öl und Essig überdeckt sein. Auf mäßigem Feuer 2−3 Stunden kochen. Nicht abdecken.
Der so bereitete „Brudet" kann an einem kühlen Ort 2 Monate halten.

Der Name Brudet oder Brodeto stammt vom italienischen Wort Brodetto ab.

Schwarzes Reisgericht

600 g Tintenfisch
1 Zwiebel
100 ml Olivenöl
2 Tomaten
200 ml Weißwein
1 Zitrone
4 Teetassen Reis
2 Körner Gewürznelken
Salz, Pfeffer
Petersilie

Tintenfische ausnehmen, die Schwärze aufbewahren. Waschen, weichklopfen, bei zu hartem Tintenfisch im Salzwasser kochen und in Streifen schneiden.
Feingehackte Zwiebeln in Olivenöl anrösten, geschälte und geschnittene Tomaten zugeben. Nach 10 Minuten die Tintenfische, die Schwärze, Weißwein, Gewürznelken, gehackte Petersilie und etwas Zitronensaft hinzufügen. Auf mäßigem Feuer kochen bis das Fleisch gar ist und den Reis zutun. Wenn nötig, Wasser zufügen, salzen und pfeffern. Auf mäßigem Feuer weiter kochen bis der Reis weich wird.

Abb. 9: Fisch „Smederevo" Art (Rezept S. 45)

Abb. 10: Bohnen-Makkaroni-Eintopf (Rezept S. 57)

Abb. 11: Schweinefleisch mit Meerrettich und Kartoffeln (Rezept S. 60)

Abb. 12: Tintenfisch, gefüllt (Rezept S. 49)

Scampibuzzara — Krebsgericht

1 kg mittelgroße Scampi (Krebse)
200 ml Olivenöl
200 ml Weißwein
3 Zwiebeln
2−3 Knoblauchzehen
1 Eßlöffel Tomatenmark
Salz, Pfeffer, Petersilie
Semmelbrösel

Feingehackte Zwiebeln und Knoblauch im Olivenöl goldbraun anbraten, die feingehackte Petersilie, Tomatenmark, Semmelbrösel, Salz und Pfeffer zugeben. Mit Wein begießen und kochen. Gewaschene Krebse hinzugeben und bei geschlossenem Topf auf mäßigem Feuer etwa 15 Minuten kochen. Mit feingehackter Petersilie garnieren. Bei Bedarf mit Wasser begießen.

Muscheleintopf — Miesmuschel

1 kg Muscheln
2 Zwiebeln
2 Knoblauchzehen
200 ml Wein
500 g Tomaten
Salz, Pfeffer
Petersilie

Muscheln reinigen und im Salzwasser kochen, bis sie aufgehen. Fleisch herausnehmen, feingehackte Zwiebeln, Knoblauch und Petersilie, geschnittene Tomaten im Öl anbraten, Wein eingießen und bis zum Festerwerden kochen. Salzen und pfeffern. Die Muscheln mit Soße übergießen, leicht ankochen und mit Makkaroni servieren. Muscheln werden bei Ebbe gepflückt. Sie werden vorsichtig mit einer Bürste gereinigt, dann etwa 20 Minuten gekocht, damit sich die Schalen öffnen und das Fleisch herausgenommen werden kann.

Tintenfisch, gefüllt

(s. Abb. 12)

500 g Tintenfisch
100 ml Olivenöl
80 g Semmelbrösel
Petersilienblatt
Salz, Pfeffer
4 Knoblauchzehen

Den Tintenfischen die Köpfe und Schwänze absondern, Innereien und den Knochen herausnehmen. Schwänze feinhacken, mit Semmelbrösel vermischen, feingehackte Petersilie und Knoblauch zugeben, salzen, pfeffern und mit Öl begießen. Die Tintenfische damit auffüllen. Mit einem Spickholz die Öffnung schließen. Auf dem Rost grillen oder in einer vorgefetteten Form im Backofen backen. In die vorbereitete Füllung kann man ebenso feingehackten Rauchschinken wie auch hartgekochtes Ei geben.

Langustengericht nach „Kotor" Art

4 kleinere Langusten
3 Zwiebeln
2−3 Knoblauchzehen
2 EL Tomatenmark
250 ml Weißwein
2 EL Semmelbrösel
Petersilie
¼ l Olivenöl
2 EL Speisezusatz — Knorr
Salz, Pfeffer

Mit einem festen Faden den Langusten die Schwänze unterbinden. In einen großen Topf mit stark kochendem Salzwasser eintauchen und etwa 40 Minuten kochen. Gekochte Langusten in Teile schneiden und unterm Wasserstrahl den auf der unteren Seite haftenden Schmutz gut abwaschen.

Zwiebeln in Ringe schneiden, feingehackten Knoblauch und Petersilie zugeben, salzen und pfeffern, Tomatenmark und Öl zufügen und alles zusammen andünsten. Am Ende Wein und Speisezusatz beifügen.

In die so zubereitete Soße die Langustenteile einlegen und etwa 10 Minuten dünsten. Mit den Semmelbröseln bestreuen und noch einige Zeit bröckeln lassen.

Seepolypsalat

750 g Seepolypen
100 ml Olivenöl
50 ml Weinessig
4−5 Knoblauchzehen
Petersilie
Salz, Pfeffer

Seepolyp ausnehmen, waschen und in Salzwasser kochen. Fleisch nudelartig schneiden, in eine Salatschüssel geben. Eine Marinade aus Öl, Weinessig, feingehackter Petersilie, Salz und Pfeffer herstellen. Seepolyp übergießen und mischen.

Außer zum Salat wird der Seepolyp auch zur Suppe verarbeitet und das aus kleineren Stücken. Die größeren Stücke kann man in Öl anbraten. Wenn man die Polypen durch die Fleischmaschine dreht, kann man daraus eine Art Schnitzel machen. Gegrillter Polyp wird in der Regel kalt gegessen.

Schnecken, gedünstet

30 Schnecken
2 Zwiebeln
1 EL Salz
Öl, Mehl, Paprika edelsüß, Essig

Zum Essen werden nur die großen geschlossenen Weinbergschnecken genommen, die an der Vorderseite einen geschlossenen weißen Deckel haben.

Weinbergschnecken ½ Stunde kochen lassen. Schnecken herausnehmen, den Deckel lösen, das Fleisch herausziehen, das Harte am Kopf und Schwanz wegschneiden, waschen und im Essig ½ Stunde stehen lassen.

In der Zwischenzeit kleingehackte Zwiebeln in Öl anbraten, Wasser zugießen, salzen. Weinbergschnecken zufügen, etwa 10 Minuten weiterkochen.

Weinbergschnecken werden auf mehrere Arten zubereitet.

Gewaschene Schnecken kochen, aus dem Häuschen ziehen, säubern, salzen, in Mehl wälzen. Entweder in einem Tongefäß zugedeckt backen oder auf dem Rost grillen.

Schnecken können auch paniert werden. Die schon vorgekochten Schnecken salzen, in Mehl wälzen und auf heißem Öl anbraten.

In Kosovo und Mazedonien wurden Schnecken als ein besonderes Schlemmeressen angesehen.

Gerichte mit Innereien

Kalbs-Innereien

200 g Kalbsleber
200 g Kalbslunge
100 g Herz
3–4 Zwiebeln
20 g Mehl
80 g Fett
200 ml saure Sahne
Paprika edelsüß
1 Zitrone, Salz, Pfeffer

Kalbsleber, Lunge und Herz im Salzwasser kochen und in Streifen schneiden. In Scheiben geschnittene Zwiebeln auf Öl anbraten, Mehl zufügen, goldbraun anbraten und Paprika zufügen. In die Einbrenne das Fleisch legen und die Fleischbrühe eingießen. Salzen, pfeffern und bis zum Weichwerden weiterkochen. Kurz vor Schluß Zitronensaft und saure Sahne zufügen. Mit Klößchen servieren.

Kutteln in Soße

800 g Kutteln
Grünzeug
  (Möhren, Petersilie, Pastinake)
200 g Zwiebeln
80 g Öl oder Fett
2 Lorbeerblätter
10 Pfefferkörner
50 g Speck
30 g Mehl
2–3 Knoblauchzehen
50 g Tomatenmark
¹/₂ Bund Petersilie, 1 Pfefferpaprika
Salz, Pfeffer, Paprika edelsüß

Kutteln unterm Wasserstrahl waschen, in einen Topf geben und mit Zugabe von Wasser, 5 Pfefferkörnern, geputztem und geschnittenem Grünzeug und einer geviertelten Zwiebel, gesalzen etwa 5 Stunden

kochen. Gekochte Kutteln in Stückchen schneiden. Im warmen Fett gehackte Zwiebeln anrösten, Lorbeerblatt und 5 Pfefferkörner zufügen. Wenn die Zwiebeln halb durch sind, feingehackten Speck beigeben, und anrösten. Mehl zugeben und wieder anrösten. Mit Paprika bestreuen, feingehackten Knoblauch und Tomatenmark zufügen.
Etwas Kuttelbrühe eingießen, 30 Minuten kochen, Kutteln dazutun und die nächsten 30 Minuten weiterkochen. Salzen, pfeffern, in Schälchen servieren. Wenn Sie es scharf haben möchten, kurz vor Schluß gehackte Pfefferpaprika zugeben.

Lamm-Bauchfell-Wickeln (für 6 Personen)

1 Lamm-Bauchfell
1 Lammleber
1 Lammlunge
1 Herz
Gedärme
1 EL Fett
1 Zwiebel
2–3 Eier
40 g Reis
Salz, Pfeffer, Paprika edelsüß
gehackte Petersilie

Überguß:
3–4 Eier

Lamm-Bauchfell waschen und in kaltes Wasser stellen. Leber, Gedärme und Herz putzen, waschen und in Salzwasser kochen. Kleinhacken. In einem Topf kleingehackte Zwiebel im Fett anbraten, salzen, pfeffern, Paprika, kleingehackte Petersilie, Reis und gehackte Innereien zugeben. Eier zutun, gut durchmischen und etwas Wasser eingießen.

Bauchfell ausbreiten, in zwei Teile teilen, die vorbereitete Füllung verteilen und die „Wickeln" gut einwickeln. In die vorgefettete Form legen, etwas Wasser aufgießen und im Backofen backen. Wenn es zur Hälfte fertig ist, mit verquirlten Eiern übergießen und goldbraun weiterbacken.

Wickeln kann man mit dem folgenden Guß begießen:
1 Tasse saure Sahne, ½ Löffel Mehl, etwas Salz und Zitronensaft vermischen und die zur Hälfte gebackenen Wickel übergießen.

Schweinshirn mit Nieren

1 Schweinshirn
2 Schweinsnieren
1 Zwiebel
½ Löffel Fett
2 EL Rahmsahne oder saure Sahne
2 EL Wasser
Salz, Pfeffer

Schweinenieren waschen und in dünne Scheiben schneiden.
Schweinshirn waschen, häuten und von den Adern befreien. Auch in dünne Scheiben schneiden. Feingehackte Zwiebel in Fett anbraten, geschnittene Nieren zugeben, salzen, pfeffern. Dünsten bis alles durch ist. Kurz vor Schluß Rahmsahne oder saure Sahne zufügen. Wasser eingießen und aufkochen lassen.

Angebratene Kutteln
(für 8 Personen)

1 kg Kutteln
700 g frische grüne Paprika
400 g Tomaten
Butter oder Öl
Petersilie, Salz, Pfeffer

Kutteln säubern und waschen, in größere Stücke schneiden und in Wasser kochen. Feingeschnittene Paprika auf Butter oder Öl anbraten, geschnittene Tomaten zufügen, weiterbraten, bis das Wasser einzieht. Gebratene Paprika und Tomaten in ein Tongefäß geben, Kutteln daraufacken, salzen, pfeffern und mit gehackter Petersilie bestreuen. Im Backofen backen. Kuttelbrühe als Suppe verwenden.

Lammhaxe „Zlatibor" Art

4 Lammhaxen
Petersilie
1 Möhre
4 Tomaten
4 Zwiebeln
4 längliche frische Paprika
1 Lorbeerblatt
4–5 Pfefferkörner
100 g Rahmsahne
100 g Topfen
Öl, Salz, Pfeffer, Petersilie

Lammhaxe waschen, in einen Topf legen, mit Wasser übergießen, salzen, Pfefferkörner, Petersilie und Möhre zugeben. Auf starkem Feuer kochen.
Feingehackte Zwiebeln im Öl braten, gesäuberte und kleingeschnittene Paprika zugeben. Weiterdünsten, geschnittene Tomaten zugeben und dünsten. Sobald die Masse fester wird, zerdrückten Topfen und einen Teil Rahmsahne hinzufügen. Gut durchmischen, wenn nötig salzen und pfeffern. Gekochte Lammhaxen auf einen Teller geben, mit gedünstetem Gemüse übergießen und darüber den Rest Rahmsahne verteilen. Mit feingehackter Petersilie bestreuen.

Panierte Kalbsbeinchen

4 Kalbsbeine
2 Eier
Mehl
Semmelbrösel
Salz
Bratöl

Gesäuberte Kalbsbeinchen in einem Topf voll Wasser kochen bis das Fleisch sich von den Knochen löst. Erkaltet und von den Knochen gelöst salzen, nacheinander in Mehl, geschlagenem Ei und Semmelbrösel wenden. Dann in heißem Fett goldbraun backen. Mit Spinat oder Salat servieren.

Kalbshaxe „Podravina" Art

2 Kalbshaxen
1 Zwiebel
80 g Öl
100 g Sellerie
100 g Möhren
2 Tomaten
1 Bund Petersilie
2 Knoblauchzehen
Salz, Pfeffer
3 dl Weißwein
Mehl

Das Fleisch salzen, im Mehl wenden und in Fett von allen Seiten anbraten, bis es schön gelb wird. Das Fleisch herausnehmen. Im restlichen Bratfett in Ringe geschnittene Zwiebeln, Sellerie und Möhren, sowie Tomaten andünsten. Mit Wein angießen, Fleisch, Salz, Pfeffer und feingehackten Knoblauch beifügen. Nach Bedarf etwas Brühe zufügen und im Ofen braten, bis das Fleisch weich ist.

Gefüllter Kalbsmagen

(für 10 Personen)

1 Kalbskopf
1 kg Magen
100 g Speck
1 Lunge
1 Leber
Öl, Petersilie
2 Möhren
4 Zwiebeln
Salz, Pfeffer
3−4 Pfefferkörner
1−2 EL Paprika
200 ml Weißwein

Kalbskopf und Magen waschen, in einem größeren Topf in Salzwasser kochen. Geputztes Grünzeug, 2 kleingehackte Zwiebeln und Pfefferkörner zugeben. Wenn sich das Fleisch vom Knochen löst, herausnehmen und aufschneiden. Feingehackte Zwiebeln und Speck im Öl anbraten, feingehackte Leber und Lunge zugeben und weiterbraten. Letztlich das Fleisch auch anbraten, salzen, pfeffern und mit Paprika bestreuen.

Gekochten Magen ausbreiten, die Füllung einlassen und den Magen zudrehen und einnähen. In der vorgefetteten Form im Backofen backen. Etwas Wasser eingießen, kurz vor Bratschluß Weißwein aufgießen und anbacken.

Kalbskopf in Magen gefüllt, kann auch ohne Leber und Lunge zubereitet werden, nur mit dem Kalbskopffleisch. Gefüllter Kalbsmagen ist eine Spezialität, charakteristisch für südöstliches Serbien. In den Dörfern unterhalb Awala füllte man Kalbsmagen mit der Kalbskeule auf und dies wurde unter einem Tonverdeck gebraten.

Gemüse- und Fleischspeisen

Kapama – Junge Zwiebeln-Eintopf

500 g Junge Zwiebeln
500 g Kartoffeln
Mehl, Butter, Tomatenmark
Paprika edelsüß
Salz, Minze, Petersilie

Die Zwiebeln putzen, waschen und in Stücke schneiden. Kartoffeln waschen, schälen, wie die Nudeln dünn schneiden. In einen Topf nacheinander eine Reihe Kartoffeln, eine Reihe Zwiebeln auslegen und jede Reihe mit Paprika, Petersilie und Minze bestreuen. Tomatenmark und etwas Wasser in Butter geben und damit begießen.
Einen Teelöffel Mehl im Wasser verrühren, eingießen und auf mäßigem Feuer weiterkochen.
Mit Sauerrahm servieren.

Das Wort Kapama hat türkische Herkunft, was bedeuten würde ein Essen aus Fleisch, Zwiebeln, Kartoffeln und Gewürzen.

Brühkartoffeln

1 kg Kartoffeln
1 Zwiebel
1 Löffel scharfer Paprika –
 Gewürzmischung
2 Löffel Speisezusatz – Knorr
400 ml Öl
Paprika edelsüß, Salz

Die rohen Kartoffeln schälen, waschen, in dicke Scheiben schneiden. In einem Topf im heißen Fett die geschnittenen Zwiebelringe anrösten, Paprika edelsüß, Paprika Gewürzmischung, Speisezusatz und die Kartoffeln zugeben. Mit Wasser bedecken. Kochen bis alles gar ist und das Wasser verdampft.

Pfanneneintopf

1 kg Kartoffeln
3 Zwiebeln
1 Tasse Reis
Butter oder Fett
Paprika edelsüß
Salz, Pfeffer, Petersilie

Zwiebel schälen, in Ringe schneiden, in 4 Löffel heißem Fett anrösten. Wasser aufgießen, um die Zwiebeln gar zu kochen und etwas später den Reis zufügen. Durchmischen und weiterkochen. Paprika, Salz und Pfeffer nach Wunsch.
Kartoffel schälen, schneiden, salzen und in die vorgefettete Form die Kartoffeln schichten, darauf Zwiebeln mit Reis und wieder Kartoffeln. Mit gehackter Petersilie bestreuen. Mit Wasser überdecken und im Backofen backen. – Pfanneneintopf kann auch mit Porree gemacht werden. Nach Wunsch können auch trockene Pflaumen zugefügt werden.

Bohneneintopf

500 g Bohnen
2–3 Zwiebeln
1–2 Lorbeerblätter
3 Knoblauchzehen
100 ml Öl
1 EL Essig, Salz, Pfeffer

Die Bohnen waschen, und mit Wasser zur Hälfte kochen lassen, abseihen. In einen Topf eine Reihe Bohnen legen, pfeffern, Lorbeerblatt dazu, in Scheiben geschnittene Zwiebeln darauf, Knoblauch in Schale, Essig und Öl. Darauf wieder eine Reihe Bohnen legen. Schrittweise wiederholen bis alle Lebensmittel aufgebraucht sind. Die Bohnen mit Wasser bedecken, salzen, zudecken und kochen. Die Bohnen sollten dicht und säuerlich sein.

Serbische Bohnen

(für 8 Personen)

500 g Bohnen
2 Zwiebeln
2 EL Fett
1 EL Mehl
250 g Speck oder Rippchen
  (geräuchert)
Paprika edelsüß
Salz, Pfeffer, gehackte Petersilie

Bohnen waschen, auf leichtem Feuer zugedeckt kochen. Speck oder Rippchen in einem zweiten Topf kochen. Wenn die Bohnen zur Hälfte durch sind, Wasser abgießen und das Speckkochwasser mit Speck oder Rippchen zugeben. Weiterkochen lassen. Wenn fertig gekocht, eine Einbrenne herstellen: Mehl im Fett einbrennen, feingehackte Zwiebeln zugeben, goldbraun anbraten, Speckbrühe zugießen, schnell durchmischen und abgesiebte Bohnen, Speck oder Rippchen und das Bohnenwasser hinzufügen. Salzen, pfeffern, weiterkochen lassen aber achten, damit es nicht anbrennt. Feingehackte Petersilie zufügen.

In die Einbrenne können Sie auch Paprika einmischen. In Schüsseln servieren. Speck oder Rippchen in Stücke schneiden, in die Schüsseln geben.

In der Volksernährung stehen die Bohnen nach dem Brot an zweiter Stelle, was auch hier angedeutet wird: „Bohnen sind der ‚Wirt' im Hause".

Bohnen-Makkaroni-Eintopf (für 8 Personen)

(s. Abb. 10)

500 g Bohnen
150–200 g Makkaroni
2 Zwiebeln
150 g Räucherfleisch
100 ml Olivenöl
100 g Räucherspeck
2 Knoblauchzehen
Salz, Pfeffer, Paprika edelsüß
Sellerieblatt und Petersilie

Am Vortag die Bohnen in Wasser legen. Am nächsten Tag abtropfen und in frischem Wasser weichkochen. Beim Kochen einmal das Wasser auswechseln, warmes Wasser nachfüllen, weiterkochen. Gekochte Bohnen, Öl, Speck und Räucherfleisch würfelig geschnitten, zugeben, feingehackte Zwiebeln, Knoblauch und Paprika dazu.

Salzen und pfeffern, etwas kochen lassen und zum Schluß die Makkaroni, Sellerie und Petersilie zugeben. Weiterkochen, bis die Makkaroni weich sind.

Im Küstenland eine beliebte Spezialität, bedeutet auf italienisch pasta = Teig und fagiolo = Bohnen, wörtlich „Bohnen mit Teig".

Gersteeintopf – Ričet

(für 6 Personen)

300 g Gerste (Graupe)
500 g Räucherfleisch
80 g Bohnen
1 Möhre, 1 Petersilie
¹/₂ Sellerie
1 Zwiebel, 2 Knoblauchzehen
2 Tomaten
1 Lorbeerblatt
500 g Kartoffeln
Salz, Pfeffer, Petersilie

Am Vortag in Wasser gestellte Bohnen und Gerste in einen größeren Topf geben. Wenn das Wasser aufkocht, Fleisch zugeben und nach 1 Stunde Kochzeit geputztes Grünzeug und Gewürze. Kurz vor Kochschluß würfelig geschnittene Kartoffeln zufügen. Da das Räucherfleisch von selbst salzig ist, erst am Schluß salzen. Gekochtes Fleisch herausnehmen, in Stücke schneiden und auf getrennten Tellern servieren.

Ričet bedeutet wörtlich Unordnung und bezeichnet Essen aus Gerste, und wird als slowenische Spezialität angesehen.

Istarska Jota –
Istrischer Eintopf
(für 6 Personen)

350 g Sauerkraut
50 g Kartoffeln
200 g Bohnen
600 g geräucherte Schweinerippchen
150 g Zwiebeln
40 g Mehl
40 g Fett
4–5 Knoblauchzehen
100 g gekochter Speck
1 EL Speisezusatz – Knorr
1 Lorbeerblatt
Salz, Pfeffer, gehackte Petersilie

Bohnen waschen, in einem Topf voll Wasser 2 Stunden stehen lassen. Wasser abgießen, frisches eingießen und kochen. In einem anderen Topf Schweinerippchen, feingehackten Speck, Knoblauch, Zwiebeln mit Mehl und Lorbeerblatt kochen. Zum Schluß Speisezusatz – Knorr zufügen. Im getrennten Topf Sauerkraut kochen und im anderen geschnittene Kartoffeln. Rippchen herausnehmen, die Fleischbrühe absieben, Sauerkraut, Bohnen und gekochte

Kartoffeln zugeben. 10 Minuten kochen, salzen, pfeffern und mit Petersilie bestreuen. Mit gekochten Räucherrippchen servieren.

Eine Mischung
nach „Škofja Loka" Art
200 g Bohnen
600 g Sauerrübe oder Sauerkraut
200 g Gerste (Graupe)
80 g Fett
1 Zwiebel
3 EL saure Sahne
Salz

In einen Topf am Vortag Bohnen in Wasser geben, am nächsten Tag in einen zweiten Rüben oder Kraut und darauf Gerste. Salzen, in beide Töpfe Wasser gießen, aufpassen, nicht anbrennen lassen. Wenn alles gekocht ist, beide Topfinhalte zusammenmischen. Gehackte Zwiebeln in Fett anbraten und zufügen. Kurz ankochen und saure Sahne dazugeben.

Sauerrübe mit Bohnen
500 g geräucherte Rippchen
150 g Bohnen
400 g Sauerrübe
1 EL Fett
2 EL Mehl
Salz, Pfeffer, Paprika edelsüß

Die Bohnen am Vorabend einweichen. Am nächsten Tag Wasser ausleeren und frisches eingießen. Salzen, auf mäßigem Feuer kochen. Wenn die Bohnen gekocht sind, die getrennt gekochte, geriebene Sauerrübe mit Rippchen zufügen. Pfeffern. Aus Mehl, Fett und Paprika eine Einbrenne herstellen und in den Bohneneintopf geben. Auf die gleiche Art können Sie auch Bohnen mit Sauerkraut vorbereiten.

Bohnen mit Kartoffeln gebacken (für 6 Personen)

1 kg Schweineräucherfleisch
500 g Kartoffeln
300 g Bohnen
80 g Fett
1 Zwiebel
Salz, Meerrettich

Die Bohnen am Vorabend einweichen. Bohnen kochen, getrennt die geschälten, geschnittenen Kartoffeln kochen. Dann zusammenmischen und gut zerdrücken. Im heißen Fett feingehackte Zwiebel anbacken. Die zerdrückte Bohnen-Kartoffel-Masse zugeben, gut durchmischen, salzen und weiterbraten.
Räucherfleisch im Wasser kochen. Auf einem großen Teller von einer Seite das Bohnengericht und auf der anderen Seite das gekochte Räucherfleisch in Schnitten anrichten. Das Fleisch mit geriebenem Meerrettich bestreuen oder Meerrettich mit Essig getrennt anbieten.

Junge Bohnen mit Lamm (für 6 Personen)

1 kg Lammfleisch
1 kg junge grüne Bohnen
2 Zwiebeln
3−4 Tomaten
2−3 Knoblauchzehen
1 Löffel Fett
2 Löffel Mehl
Paprika edelsüß, Salz

Lammfleisch in Stücke schneiden, in Salzwasser kochen. Junge grüne Bohnen abfädeln, waschen, der Länge nach aufschneiden und zusammen mit den geschnittenen Zwiebelschei-

ben im Öl anbraten. Wenn die grünen Bohnen gekocht sind, Mehl und Paprika zugeben, etwas Kochwasser vom Lammfleisch zugießen. Durchkochen, geschnittene Tomaten, gehackten Knoblauch und Lammfleisch zugeben. Auf mäßigem Feuer weiterkochen, bis die Bohnen ganz durch sind.

Bakalca

750 g Schaffleisch
50 g Fett
2 Zwiebeln
2 Möhren
1 Lorbeerblatt
Pfefferkörner, Nelke, Essig, Salz

Für die Einbrenne:
50 g Fett
2 EL Mehl

Das Fleisch aufteilen. Im Fett die in Scheiben geschnittenen Zwiebeln und Möhren anbraten. Fleisch und Zutaten zugeben und noch etwas anbraten. Salzen, pfeffern, Wasser eingießen und mit Essig bespritzen. Weiter kochen. Aus Fett und Mehl eine Einbrenne machen und dem weichgekochten Fleisch zufügen. Noch eine halbe Stunde kochen bis das Fleisch gar ist.

Lammfleisch auf „Tetovo" Art
(für 10 Personen)

2 kg Lammfleisch (Schulter)
500 g Räucherspeck
500 g Kartoffeln
1,5 kg Bohnen
2 Petersilien
200 g Fett
1 Bund Petersilie
2−3 scharfe (kleine) Paprika

Die Bohnen am Vorabend einweichen. Wasser abgießen, frisches dazugeben, geschnittenen Räucherspeck und Petersilie zufügen und auf starkem Feuer kochen.

Kartoffeln schälen, würfelig schneiden, in Salzwasser kochen. Lammfleisch in Stücke schneiden, in Fett anbraten, etwas Wasser dazugießen und andünsten. Gekochte Bohnen in zwei Teile teilen, einen Teil durch ein Sieb drücken, den zweiten Teil zusammen mit dem ersten zum Lammfleisch geben. Petersilie wie auch kleine scharfe Paprika schneiden, dem Lammfleisch zufügen und ca. 5 Minuten kochen. Gekochte Kartoffeln erst am Ende zufügen. Auf die Tellermitte Lammfleisch geben und mit Bohnen bedecken.

Schweinefleisch mit Meerrettich und Kartoffeln (s. Abb. 11)

800 g Schweinsrippchen
1 Petersilie, 1 Möhre
½ Sellerie
2 Knoblauchzehen
3 Pfefferkörner
½ Zwiebel
400 g Kartoffeln
50 g Meerrettich
100 ml Essig
Salz

In einen größeren Topf die Rippchen geben. Wasser zugießen und geputztes, länglich geschnittenes Grünzeug, Zwiebel, Pfeffer, Salz und Knoblauch zugeben.

Essig dazu und auf mäßigem Feuer kochen. Wenn das Fleisch gar ist, würfelig geschnittene Kartoffeln beigeben und weiterkochen. Fleisch aus der Brühe holen, aufschneiden, auf einen Teller legen und mit dem Grünzeug und den Kartoffeln überdecken. Mit der Brühe übergießen und mit geriebenem Meerrettich bestreuen.

Eintopf mit Lamm und Gemüse
(s. Abb. 14)

600 g Lammfleisch
1 kg Gemüse (Brennessel, Spinat, Weißkraut, Weinrebenblatt)
2 Zwiebeln oder Junge Zwiebeln (10 Stangen)
100 g Fett
½ l Sauermilch
Paprika edelsüß
Salz
Pfeffer

Gemüse säubern, waschen und salzen. Etwas stehenlassen damit es einweicht. Wenn Sie Brennessel nehmen, mit kochendem Salzwasser überbrühen.

Zwiebeln schälen, waschen und kleinhacken. Bei jungen Zwiebeln in 2–3 cm große Stücke schneiden. Das Fleisch waschen, in Stücke schneiden und jedes einzeln in Mehl wälzen. In heißem Fett goldgelb braten. Fleisch in eine Schüssel geben und die Zwiebeln im gleichen Fett anbraten. Paprika und in Streifen geschnittenes Gemüse zufügen, bis zum Weichwerden dünsten und dann das Fleisch zugeben. Unter mehrmaligem Wassergießen weiterkochen.

Das Essen darf nicht zu flüssig sein. Wenn alles fertig gekocht ist pfeffern und in Schüsseln oder länglichen Tellern mit Sauermilch servieren.

Weißkraut nach „Lika" Art (für 6 Personen)

1 kg Räucherfleisch
1,5 kg geriebenes Weißkraut
100 g Räucherspeck
50 g Fett

Räucherfleisch und Weißkraut gut waschen und abtropfen. In eine vorgefettete feuerfeste Tonschüssel abwechselnd eine Reihe Weißkraut und eine Reihe Räucherfleisch aufschichten, bis alle Zutaten aufgebraucht sind. Die oberste Schicht sollte Weißkraut sein und mit gehacktem Räucherspeck bestreut sein. Etwas Wasser gießen und auf leichtem Feuer kochen, bis das Fleisch durch ist. Wasser kann zugegossen werden. Mit gekochten Salzkartoffeln servieren.

Rindfleisch mit Sauerkraut

500 g Rindfleisch
80 g Räucherspeck
1−2 Zwiebeln
1 EL Tomatenmark
1,5 l Wasser
Salz, Paprika edelsüß, Kümmel
800 g geriebenes Sauerkraut
100 ml saure Sahne
1 EL Mehl

Im Öl und kleingehackten Speck die feingehackten Zwiebeln anrösten, Fleisch zugeben, anrösten und mit Wasser begießen. Salzen, Paprika, Kümmel und Tomatenmark zufügen und etwa 40 Minuten kochen. Dann Sauerkraut zugeben und weiterkochen. Eine Einbrenne aus saurer Sahne und Mehl herstellen und in das Essen geben. Nachkochen.

Sauerkraut-Altserbisch
(für 6 Personen)

1 kg Sauerkraut
500 g geräuchertes Schweinefleisch

Sauerkraut und Fleisch gut waschen. Sauerkraut auf 1 cm breite Streifen reiben und das Fleisch in kleine Stücke schneiden. In einen großen Topf abwechselnd eine Reihe Sauerkraut und eine Reihe Fleisch aufschichten bis alles aufgebraucht ist. Die oberste Schicht sollte Sauerkraut sein. Das Wasser 15 cm über die Sauerkrautschicht eingießen. Abdecken und 3 Stunden auf mäßigem Feuer kochen. Wenn das Sauerkraut gekocht ist, vom Feuer nehmen und bis zum nächsten Tag stehenlassen. Dann wieder auf das Feuer stellen und 3 Stunden kochen. Damit das Sauerkraut nicht anbrennt, den Topf öfter schütteln und wenn das Wasser verdampft, etwas warmes Wasser nachgießen, obwohl es am besten ist, im ersten Wasser zu kochen.
Wen das Fleisch nicht genügend fetthaltig ist, etwas gehackten Speck zufügen.

Janjeća Kalja − Lammgericht
(für 8 Personen)

1 kg Lammfleisch
2 kg Weißkraut (süß)
3−4 Tomaten (10 g Tomatenmark)
1 Zwiebel
100 g Fett
1 Löffel Mehl
1 Löffel Paprika edelsüß
Salz, Pfeffer, Sahne

Krautkopf von äußeren Blättern befreien, in 4 Teile schneiden, sodaß die Schnitten an der Wurzel angehaftet bleiben. Fleisch in größere Stücke schneiden und abwechselnd eine Reihe Fleisch und eine Reihe Kraut aufschichten und darauf geschnittene Tomaten legen. Salzen, pfeffern und das Wasser bis zum Überdecken eingießen. Abdecken und auf mäßigem Feuer 4 Stunden kochen.

Im Fett die feingehackten Zwiebeln anbraten, Mehl und Paprika zufügen und am Kochschluß zugeben. Durchkochen und mit Sahne übergießen.

Auf die gleiche Art wird auch dieses Eintopfgericht mit anderen Fleischarten vorbereitet, so zum Beispiel mit Schweinefleisch, dann mit etwas mehr Tomaten und Pfeffer, oder mit Rindfleisch, aber der beste Eintopf sollte mit Lammkopf sein und das erst wenn er am nächsten Tag gegessen wird.

Leskovački Urnebes – Eintopf nach „Leskovac" Art

(für 6 Personen)

800 g Kalbfleisch
200 g Zwiebeln
200 g Kartoffeln
200 g Spinat
4 Paprika (frisch)
4 Eier
50 g saure Sahne
400 g frische Tomaten
800 ml Weißwein
80 g Öl
2 kleine Pfefferoni
Salz, Pfeffer
½ TL Speisezusatz – Knorr
60 g Parmesan

Das Fleisch in größere Würfeln schneiden, im Öl anbraten.

Getrennt die feingehackten Zwiebeln im Öl anbraten, Paprika in Würfel geschnitten und etwas später die würfelig geschnittenen Kartoffeln zugeben und weiterbraten. Tomaten und Pfefferoni kleinhacken und in das Gemüse einmischen, Speisezusatz zufügen und noch etwas dünsten. Wein eingießen, gekochten und gehackten Spinat zugeben. Salzen, pfeffern und gut durchmischen. In eine feuerfeste Form abwechselnd eine Reihe Fleisch und eine Reihe Gemüse schichten, sodaß zuoberst eine Gemüseschicht ist. Eier verquirlen, saure Sahne mischen und damit die Speise übergießen. Mit Parmesan bestreuen. Im Backofen 10 Minuten backen.

Bauerneintopf – Enolončnica

50 g Fett
600 g Sauerkraut (gerieben)
600 g Kartoffeln
150 g geräuchertes Schweinefleisch
3–4 Wacholderbeeren
2 Löffel Tomatenmark
2 Tassen gekochte Bohnen
1–2 Knoblauchzehen
Majoran

In einem größeren Sud 20 g Fett schmelzen, die Hälfte des Sauerkrautes, Wacholderbeeren, Tomatenmark, geschälte und würfelig geschnittene Kartoffeln und darauf die zweite Hälfte Sauerkraut zugeben. Bohnen mit würfelig geschnittenem Fleisch über das Sauerkraut legen, Salzwasser eingießen und Majoran zufügen. Abgedeckt 1 Stunde kochen. Das restliche Fett erwärmen und darauf den zerdrückten Knoblauch anbraten. In den Sud geben und noch 10 Minuten kochen.

Früher war in Slowenien, außer Kartoffeln und Bohnen, täglich Sauerkraut auf dem Tisch. Es wurde mit Bohnen, Kartoffeln, Brei, Fleisch und Krainerwurst zubereitet.

In Trnovo, nahe Ljubljana wurde im Jahre 1840 die Sauerkrautgenossenschaft gegründet, welche die Ware im ganzen Land zustellte und slowenisches Sauerkraut wurde auch außerhalb des Landes bekannt gemacht.

Enolončnica bedeutet in slowenischer Sprache Essen „aus einem Topf".

Eintopf nach Weinberg Art

(für 8 Personen)

1 kg Schaffleisch oder Rindfleisch
1,5 kg Tomaten
$\frac{1}{2}$ kg Weißkraut
2−3 Kartoffeln
3 Zwiebeln
2−3 Möhren
2 Pastinake
Petersilie
$\frac{1}{2}$ Aubergine
3−4 Pfefferkörner
2−3 Lorbeerblätter

Einbrenne:
50 g Fett
1 EL Mehl
1 EL Paprika edelsüß

In einen großen Topf in größere Stücke geschnittenes Fleisch und Weißkraut, geschnittene Tomaten und in Ringe geschnittene Zwiebeln, Kartoffeln, Möhren, Petersilie und Pastinake geben. Geschälte und in Würfel geschnittene Auberginen über das Fleisch legen. Salzen, Pfefferkörner und Lorbeerblätter zufügen, Wasser eingießen und kochen. Wenn der Eintopf halb fertig ist, Einbrenne zugeben und weiterkochen. Der fertige Eintopf sollte breiig sein, damit er mit dem Löffel gegessen werden kann.

Einbrenne:
Auf 50 g Fett einen Löffel Mehl und einen Löffel Paprika anbraten.

Bosnischer Tontopf

(für 8 Personen)

1 kg Rind- oder Kalbfleisch
  (Brustspitze)
250 g Zwiebeln
600 g Kartoffeln
30 g Tomaten
150 g Möhren
Petersilie und Sellerie
150 g frische Tomaten
$\frac{1}{2}$ l Weißwein
2 Lorbeerblätter
3−4 Knoblauchzehen
Salz, Pfefferkörner, Paprika edelsüß

Das Fleisch in größere Würfel schneiden. Kartoffel schälen, waschen, vierteln. Geschälte Zwiebeln in größere Stücke schneiden. Knoblauchzehen putzen und vierteln. In einem Tongefäß eine Reihe Fleisch und eine Reihe Gemüse abwechselnd schichten. Pfeffer, Lorbeerblätter, Paprika und am Ende geschnittene Tomaten zugeben, salzen und mit Wein begießen. Wasser hinzufügen damit alles bedeckt wird.

Tongefäß fest abdecken, wenn nötig verbinden, auf der Herdplatte aufkochen lassen und dann im Backofen 2−3 Stunden kochen.

Bosnischer Tontopf wird im gleichen Gefäß angeboten, in dem er gekocht wurde. Es ist ein mittelalterliches

Essen der bosnischen Bergarbeiter, die 12 Stunden lang hart arbeiteten, und jeder hatte einen Topf mit seinem Namen mitgebracht und ans Feuer gestellt, wo er dann einige Stunden bröckelte und auf sie wartete. Es war ein Essen, leicht in der Herstellung, aber wenn es in größeren Mengen im großen Tontopf bereitet wurde, hatte es den besten Geschmack.

Serbische Papazjanija
(für 10 Personen)

500 g Rind- oder Kalbfleisch
  (von der Keule)
500 g Lamm-Nierenbraten
500 g Zwiebeln
2 grüne Paprika
4–5 Pilze
Petersilie
1 Pastinake
1 Möhre
15 Pfefferkörner
½ Quitte
400 g Fett
2 Lorbeerblätter
2–3 Knoblauchzehen
Essig

Das Fleisch in größere Stücke schneiden, in einen Tontopf geben, darauf kleingehacktes Grünzeug, Lorbeerblatt, Zwiebelschnitten, geschälte ganze Knoblauchzehen, gehackte Pilze, Paprika, Pfeffer und Quitte legen, das Fett zufügen. Salzen und das mit Wasser überdecken. Essig dazu. Fest abdecken, wenn nötig schnüren. Im Backofen ca. 8 Stunden backen. Wenn der Tontopf mit Pergamentpapier abgedeckt und zugeschnürt wurde, stellenweise das Pergamentpapier mit einer Nadel durchstechen. Wenn das Essen fertig ist, in heiße Teller gießen.

Čobanac – Hirtenessen
(für 8 Personen)

200 g Rindfleisch
200 g Schweinefleisch
200 g Kalbfleisch
200 g Zwiebeln
1 Löffel Paprika-edelsüß
1 Löffel Tomatenmark
1 Löffel Ajvar
1 Pfefferoni
1 Löffel Senf
200 ml Weißwein
1 Lorbeerblatt
Öl oder Fett, Mehl, Salz

Im heißen Fett die feingehackten Zwiebeln anbraten, Paprika und in Schnitten geschnittenes Fleisch zugeben. Salzen und ab und zu Wasser oder Brühe eingießen. Wenn es weich wird, Tomaten, Ajvar, Senf, Pfefferoni, Lorbeerblatt und Wein beigeben. Weiter kochen lassen. Wenn das Fleisch durch ist, aus Mehl und Fett eine feine Einbrenne machen und dem Hirtenessen zugeben. Mit Nudeln anbieten.

Hirtenessen kann man auch mit Hühnerfleisch oder mit nur einer Sorte Fleisch bereiten.

Kesselfleisch – Kotlovina (s. Abb. 13)

750 g Schweinskotelett
200 g Zwiebeln
80 g Tomaten
½ l Wein
4–5 Knoblauchzehen
1–2 TL Senf
1 TL Edelsüßpaprika
1–2 kleine scharfe Paprika
20 g Öl und 20 g Scheineschmalz
Salz, Pfeffer

Abb. 13: Kesselfleisch-Kotlovina (Rezept S. 64)

Abb. 14: Eintopf mit Lamm und Gemüse (Rezept S. 60)

Abb. 15: Paniertes Fleisch nach „Herzegowina" Art (Rezept S. 69)

Abb. 16: Pastizade (Rezept S. 75)

Das Fleisch in Koteletts schneiden, mit Salz und Pfeffer würzen, in Öl und Schmalz anbraten und zur Seite legen. In der Zwischenzeit feingehackte Zwiebeln im restlichen Bratfett rösten, feingehackten Knoblauch, Edelsüßpaprika und Tomaten beifügen und weiterrösten. Dann Senf und scharfe kleine Paprika zufügen, mit Wasser und Wein aufgießen und etwa eine halbe Stunde weiterkochen. Am Ende das Fleisch in die Sauce zurücklegen und noch 20 Minuten kochen.

Das Gericht wird mit gebratenen Bohnen oder mit Polenta und jungen Zwiebeln serviert.

Zur Bereitung der kroatischen Volksspezialität „Kotlovina" wird ein besonderes Gefäß aus Blech, ein Kessel mit breitem Rand, benötigt, nach dem dieses Gericht auch den Namen bekam. Einst wurde „Kotlovina" meistens in offenem Raum, während großer Volksversammlungen oder Märkten bereitet.

Weinrebenblatt-Wickel – Roulade

50 Weinrebenblätter
250 g Schweine- und 250 g Rindfleisch
   (Sie können Schaffleisch mit
   Rindfleisch wie auch Schweine-
   fleisch mit Rindfleisch mischen)
50 g Reis
1–2 Zwiebeln
1 Ei
80 g Fett
Petersilie
Salz, Paprika, Pfeffer

Blätter waschen, in heißem Salzwasser 10 Minuten mit Zugabe von etwas Essig kochen, abtropfen und abkühlen. Im heißen Fett die feingehackten Zwiebeln andünsten, kleingehacktes Fleisch und Petersilie, Ei, Reis, Salz, Pfeffer und Paprika dazugeben. Gut durchmischen, die Blätter mit Füllung belegen und zusammenrollen. In eine Form legen. Mit einem Teller abdecken, damit das Fleisch nicht heraustritt, mit Wasser oder Brühe auffüllen. Schmoren lassen bis der Reis gargekocht ist.

Weinrebenblatt-Rouladen mit Rahmsahne, saurer Sahne oder Sauermilch abschmecken. Nach Wunsch können Sie auch eine Einbrenne aus 40 g Fett und 40 g Mehl bereiten und noch etwas kochen lassen.

Sauerkrautrouladen
(für 6 Personen)

1,5 kg Sauerkraut
500 g Rind- oder Schweinefleisch
2 Zwiebeln
100 g gehackten Speck
50 g Reis
1 Ei
200 g geräucherte Rippchen
100 g Räucherspeck
Salz, Pfeffer
Öl oder Fett
Milch
saure Sahne

Die Blätter sorgfältig vom Kopf lösen. Wenn das Kraut zu sauer ist, die Blätter ½ Stunde ins Wasser stellen. Feingehackte Zwiebeln in etwas Fett oder Öl anrösten, gehacktes Fleisch und Speck dazugeben. Noch einige Minuten weiterbraten, dann Reis und Ei dazugeben. Jedes Blatt mit Füllung belegen, vorsichtig aufrollen und beidseitig gut schließen.

Topfboden mit ein paar Krautblättern belegen und darauf die Rouladen legen. Dazwischen geräucherte Rippchen und Räucherspeck verteilen. Wasser eingießen und auf kleinem Feuer kochen. Ein Eßlöffel Milch dazugeben und aufkochen lassen. Anschließend mit saurer Sahne abschmecken und servieren. Nach Wunsch können Sie auch eine Einbrenne aus 50 g Fett, 50 g Mehl und einem Teelöffel Paprika bereiten und dazugeben.

Wirsingkohlrouladen werden ähnlich zubereitet. Die frischen Kohlblätter kurz überbrühen und in kaltem Wasser waschen. Bei Weißkohlrouladen werden die Kohlblätter kurz in heißes Wasser eingetaucht, damit sie weicher werden.

Sogan Dolma – Gefüllte Zwiebeln

(für 6 Personen)

600 g Zwiebeln zum Füllen
250 g Schweine- und 250 g Rindfleisch
1 Zwiebel
80 g Reis
30 g Tomatenmark
1 Ei
½ l saure Sahne
1 EL Fett
½ EL Mehl
Essig, Paprika, Petersilie
Salz, Pfeffer

Das Fleisch durch die Fleischmaschine drehen, feingehackte Petersilie und Zwiebel, Reis, Ei, Tomatenmark, Salz und Pfeffer dazugeben und gut durchmischen.
Zwiebel schälen, waschen, den oberen Teil der Zwiebelknolle abschneiden. Im Salzwasser mit Zugabe von etwas Essig überbrühen. Abtropfen und mit Hilfe der Fingern oder einem Holzlöffel die Zwiebelblätter vorsichtig herausnehmen. Eine Zwiebelknolle ergibt so mehrere Zwiebelhüllen zum Füllen. Jede einzeln mit der vorbereiteten Masse auffüllen.
Gefüllte Zwiebeln in eine Form legen, mit Wasser und etwas Essig auffüllen, so daß sie überdeckt sind. Mit einem Teller bedecken, damit die Füllung nicht heraustritt und auf kleiner Flamme kochen. Wenn die Zwiebeln gekocht sind, Einbrenne vorbereiten, mit Sauermilch, Sauersahne oder Rahmsahne übergießen. „Dolma" auf einem Teller servieren, mit Bratsaft übergießen.

Dolma bedeutet auf Türkisch auffüllen und bezeichnet verschiedene Gemüsearten gefüllt mit Hackfleisch und Reis. Wird aus Auberginen, Tomaten und Paprika gemacht.

Bunte Dolma – Gericht von gefülltem Gemüse

(für 8 Personen)

150 g Zwiebeln
350 g Tomaten
250 g Paprikaschoten
350 g Zucchini (kleine Kürbisse)
100 g Weinrebenblätter
750 g Hackfleisch
    (Rind-, Schaf- oder Kalbfleisch)
150 g Butter
150 g Reis
150 g saure Sahne
50 g Tomatenpüree
Salz, Pfeffer
Petersilie
Essig
Paprika edelsüß

Die Zwiebelstiele abschneiden und die Zwiebeln in Wasser mit etwas Essig kochen. Die gekochten Zwiebeln abseihen und mit den Fingern die Zwiebelringe herausdrücken.

Tomaten waschen, Deckel abschneiden und in der Mitte aushöhlen. Die Stiele der Paprikaschoten abschneiden und das Kerngehäuse herausziehen. Die Zucchini schälen, waschen und die Mitte herausnehmen. Die Weinrebenblätter mit siedendem Wasser abbrühen. Das gehackte Fleisch mit gerösteten feingehackten Zwiebeln vermengen und Reis, Tomatenpüree und feingehackte Petersilie beifügen. Mit Salz und Pfeffer würzen und gut verrühren.

Mit dieser Fülle werden die Zwiebelringe, Tomaten, Paprikaschoten und Zucchini gefüllt. Die gefüllten Weinrebenblätter werden zu Röllchen geformt (ähnlich wie bei „Sarma").

Die gefüllten Zwiebeln, Zucchini und Sarmen in eine Kasserolle legen, mit warmem Wasser aufgießen, etwas Butter beifügen und kochen.

Die gefüllten Paprikaschoten und Tomaten auf ein Blech legen, mit Butter übergießen, etwas Wasser beigeben und im Ofen braten.

Die Sarmen, Zucchini, Tomaten und Paprikaschoten werden in kreisförmigen Reihen auf einem großen runden Teller angerichtet.

Mit saurer Sahne servieren.

Lauchgemüse – gefüllt

1 kg Lauch (Porree)
500 g Schweinefleisch
20 g Tomatenmark
2 Zwiebeln
Salz, Pfeffer, Fett

Die Lauchstangen sehr sorgfältig waschen, grüne Blätter abschneiden. Die weißen, unteren Enden auf 10 cm Länge schneiden, mit siedendem Wasser überbrühen. Abtropfen. Die Blätter zum Füllen herausnehmen und die Mitte aufbewahren. Im heißen Fett die feingehackten Zwiebeln andünsten, Fleisch und die feingehackte Lauchmitte kurz mitdünsten. Salzen und pfeffern. Die Lauchblätter mit der Masse füllen und nebeneinander in eine gut gefettete feuerfeste Form stellen. Die übrig gebliebene Füllung mit Tomatenmark vermischen und darübergießen. Fett dazugeben und im Backrohr überbacken.

Sekelji Gulasch

400 g Schweinefleisch
3 Zwiebeln
500 g Sauerkraut
40 g Fett
Paprika edelsüß
200 ml saure Sahne
1 EL Mehl
Salz, Pfeffer, Kümmel

Im heißen Fett die feingehackten Zwiebeln andünsten, würfelig geschnittenes Fleisch dazugeben, goldgelb dünsten. Unter Zugabe von Paprika und etwas Wasser zugedeckt ca 10 Minuten durchschmoren. Sauerkraut waschen, in feine Streifen schneiden und Salz, Pfeffer und Kümmel beifügen. Alles gut durchmischen, zugedeckt, bis das Fleisch gargekocht ist, auf kleinem Feuer weichschmoren. Mehl, Sauersahne und Wasser vermischen, eingießen und weiterkochen lassen. Von Zeit zu Zeit umrühren. Restliche Sauersahne mit Milch und Wasser vermischt hinzugeben, kurz weiterschmoren lassen und servieren.

Kalbsragout

800 g Kalbfleisch vom Hals
400 g Zwiebeln
250 g frische Paprika
400 g Tomaten
80 g Öl
200 ml saure Sahne
Salz, Pfeffer, Paprika edelsüß
Petersilie

Das Kalbfleisch waschen, von Haut und Knochen befreien und würfelig schneiden. Im heißen Fett die gehackten Zwiebeln andünsten, würfelig geschnittene Paprika und Tomaten in Scheiben dazugeben, umrühren und anbraten. Fleisch hinzutun. Salzen, pfeffern und mit Paprika bestreuen, noch etwas anbraten. Mit Wasser auffüllen damit alles bedeckt wird. Zudecken und dämpfen lassen, bis das Fleisch weich gekocht ist. Vom Feuer nehmen, Sauersahne dazugießen und mit feingehackter Petersilie garnieren. Mit Reis oder Röstkartoffeln servieren.

Gulasch (für 6 Personen)

1 kg Rind- oder Kalbfleisch
6 Zwiebeln
20 g Fett
1 EL scharfer Paprika
Salz, Pfeffer

Das Fleisch waschen, in kleinere Stücke schneiden. In einem großen Topf, im Fett die feingehackten Zwiebeln andünsten.
Scharfe Paprika und Fleisch zugeben. Salzen und pfeffern. Weiter schmoren, bis das Fleisch gar ist. Um das Fleisch weich werden zu lassen, etwas Wasser nachgießen. Mit Makkaroni anrichten.

Gulasch ist eine Suppen-Eintopfart mit ungarischem Ursprung und wird mit einer hellen oder dunklen Einbrenne beendet und als Hauptgericht angeboten. Es wird in einem kleinen Kessel hergerichtet und serviert.

Liederjahn Paprikasch

600 g Schweinefleisch
500 g Tomaten
5 Paprika
5−6 Zwiebeln
50 g Fett
Paprika edelsüß

Zwiebeln in Streifen schneiden, im Fett goldgelb anbraten, in Würfel geschnittenes Fleisch zugeben und bis zum Weichwerden dünsten. In Scheiben geschnittene Paprika zufügen und nach 5 Minuten die in Schnitten geschnittenen Tomaten. Dünsten, bis der Saft verdampft, dann Paprika edelsüß zufügen und weiterdünsten lassen. Wenn Sie es scharf mögen, etwas gehackte Pfefferoni hinzumischen. Liederjahn Paprikasch kann man auch ohne Fleisch zubereiten.

Winter Paprikasch – Schweinefleisch, gedünstet

1 kg Schweinefleisch
10 in Essig konservierte Paprika
4 Zwiebeln
80 g Fett, Salz, Paprika edelsüß

Kleingehackte Zwiebeln zusammen mit in Stückchen geschnittenem Fleisch auf heißem Fett, mit Zugabe von Salz, zugedeckt dünsten, bis das Fleisch weich wird. Etwas Paprikapulver und grobgeschnittene saure Paprika zufügen, anbraten, das Wasser bis zum Überdecken eingießen. Auf mäßigem Feuer aufkochen.

Paprikasch ist eine Spezialität aus Vojvodina, entstanden unter dem Einfluß der ungarischen Küche und wurde selbstverständlich bei jedem großen Fest angeboten.

Schweinefleisch auf Bauernart (für 6 Personen)

500 g Schweinefleisch – geräuchert
500 g Sauerkraut oder Rübe
500 g frische Rippchen mit Haut
  (vom jungen Ferkel)
50 g Fett, 1 Kartoffel
1 Zwiebel, 2 Knoblauchzehen
Salz, Kümmel

Geräuchertes Fleisch zusammen mit fein geriebenem Kraut oder Rübe in einen Topf geben und bei mäßigem Feuer kochen. Mit dem Knoblauch die Rippchen gut einreiben, salzen, mit Kümmel bestreuen, in eine Form geben, Fett zufügen und im Backofen anbraten. Wenn die Rippchen gebra-

ten sind, Fett abgießen und darauf die feingehackte Zwiebel und angeriebene Kartoffel anbraten. In das Sauerkraut geben. 20 Minuten kochen, bis der Saft einzieht. Sauerkraut in die Mitte eines ovalen Tellers geben und das geschnittene Schweinefleisch wie auch Rippchen außenherum stellen. Mit Schwarzbrot anbieten. Dazu kann man auch Schweinebraten servieren.

Paniertes Fleisch nach „Herzegowina" Art

(für 6 Personen) (s. Abb. 15)

500 g Rind- oder Kalbfleisch
500 g Mehl
4 Eier
4 Knoblauchzehen
1 EL Fett oder Butter
Weinessig
Mehl und Ei zum Panieren

Aus 4 Eiern, Mehl und etwas Wasser einen festen Teig kneten und zwischen den Handflächen reiben um Tarhanya – etwas wie geriebene Gerstel, zu bekommen. Auf einem Küchentuch ausbreiten und ½ Stunde trocknen lassen. Gesalzenes, kleingeschnittenes Fleisch erst im Mehl und in den geschlagenen Eiern wälzen und goldgelb im heißen Fett anbraten. Tarhanya zufügen, weiter braten, bis auch sie goldgelb sind.
In eine feuerfeste Schüssel geben, mit feingehacktem Knoblauch bestreuen und mit verdünntem Weinessig übergießen. Dann im Backofen backen.
Dieses Essen kann auch mit Weinbergschnecken zubereitet werden.

Kartoffelgericht

1,5 – 2 kg Kartoffeln
10 Zwiebeln
4 Löffel Fett
2 Löffel Mehl
1 Teelöffel Paprika
3 – 4 grüne Paprika
Öl
Salz

Kartoffeln in Schale kochen, schälen und in Scheiben schneiden. 8 Zwiebeln feinhacken, im Fett anbraten. Wenn sie weich werden, Mehl zugeben und goldgelb anbraten. Paprikapulver und Kartoffeln zufügen. Dünsten, mit warmem Wasser begießen, in Scheiben geschnittene Paprika zugeben und salzen. Zubereitete Kartoffeln in ein Tongefäß geben und mit zwei feingehackten Zwiebeln bestreuen. Im Backofen backen. Mit gebratenem Schweinefleisch servieren.

Janija – mit Trockenpflaumen

500 g Schweine- oder Hühnerfleisch
150 g Trockenpflaumen
3 – 4 Bund Porree
Fett
Paprika edelsüß
Salz

Das Fleisch in kleine Stücke schneiden, in Fett anbraten, geputzten und geschnittenen Porree zugeben und weiterbraten, bis der Porree weich wird. Paprika zufügen, Wasser aufgießen und weiterkochen. Pflaumen zugeben und noch etwas dünsten, das Wasser muß verdampfen.

Kartoffeleintopf mit Fleischeinlage

(für 6 Personen)

1 kg Kartoffeln
4 Zwiebeln
3 Löffel Fett
1 Löffel Mehl
250 g Räucherrippchen
1 Wurst
Salz, Paprika edelsüß
50 g Räucherspeck

Die feingehackten Zwiebeln in Fett anbraten. Wenn sie weich werden, Mehl und Paprika zugeben. Kartoffeln waschen und schälen, in Scheiben schneiden, salzen, angebratene Zwiebeln zufügen und Wasser eingießen bis das Ganze bedeckt ist. Darauf den in Schnitten geschnittenen Speck, frische oder Räucherrippchen und Wurst geben. Zudecken und im Backofen backen.

Turli Tava – Gemischtes Fleisch und Gemüse, gebacken

(für 6 Personen)

600 g gemischtes Fleisch
    (Lamm-, Schweine-, Kalbfleisch)
150 g Möhren
200 g Tomaten
300 g Paprika (frisch)
300 g Zwiebeln
500 g Kartoffeln
2 Auberginen
1 Flaschenkürbis
100 g junge grüne Bohnen
Fett oder Butter
Paprika edelsüß
Salz, Pfeffer, Bamien

Die geschnittenen Fleischstücke in Fett oder Butter anbraten. Gemüse putzen, grob schneiden und zugeben. Salzen, pfeffern und mit Paprika bestreuen. Gut durchmischen und in ein Tongefäß geben. Warmes Wasser eingießen und im Backofen braten. Es ist ratsam, die Kartoffeln erst beizufügen, wenn alles fertig gebacken ist, ansonsten zergehen sie.

Dzuwetsch (für 6 Personen)

750 g Fleisch (Schweine-,
Rind- oder Schaffleisch)
6 Zwiebeln
4 Kartoffeln
750 g Tomaten
3−4 grüne Paprika
1 Aubergine
100 g Reis
Salz, Pfeffer, 1 Löffel Fett

Das Fleisch waschen, in Stücke schneiden. Zwiebeln blättrig schneiden, salzen, pfeffern, in einen Topf geben und in Fett goldgelb anbraten. Dann würfelig geschnittene Kartoffeln, geschnittene Tomaten, in Scheiben geschnittene Paprika, in große Würfel geschnittene Aubergine und Reis dazugeben.
Auf das Gemüse das Fleisch geben, mischen und anbraten. Mit Brühe oder Wasser begießen, in den Backofen stellen und ungefähr 3 Stunden backen.

Anmerkung:
Die frischen Tomaten kann man auch durch Tomatenmark oder Schältomaten aus der Konserve ersetzen. Dzuwetsch stammt aus dem Türkischen und bezeichnet eine Tonschüssel, gemeint ist die Fleisch- und Gemüsespeise, welche darin zubereitet wird.

Junge grüne Bohnen mit Eiern

1 kg junge grüne Bohnen
1 Zwiebel
5 Eier
1 Löffel Fett
Milch oder saure Sahne

Die jungen grünen Bohnen waschen, putzen und länglich ausschneiden. Feingehackte Zwiebeln im Fett anbraten, Bohnen zugeben, salzen und zusammen mit den Zwiebeln andünsten. Das Wasser zeitweilig zugießen, bis die Bohnen weich werden. In der Zwischenzeit die Eier kochen, schälen und in Ringe schneiden. In einer feuerfesten Form nacheinander eine Reihe Bohnen, eine Reihe Eier aufschichten, bis alle Zutaten verbraucht sind. Mit Milch oder Sauersahne im Backofen backen.

Šiš Čevap – Gemischte Spieße

600 g fettes Rindfleisch
300 g grüne Paprika
200 g Zwiebeln
400 g frische Tomaten
300 g Kartoffeln
100 g Möhren
Petersilie
Salz, Pfeffer
100 g Fett
200 ml Weißwein

Das Fleisch in kleine Stücke schneiden, wie für Ražnjići-Spieß, Zwiebeln und Kartoffeln in breitere Scheiben schneiden. Paprika in Stücke schneiden. Auf die kleinen Holzspieße Fleisch, Paprika, Zwiebeln und Kartoffeln aufreihen und in eine Schüssel legen. Salzen und pfeffern, obendrauf Möhren reiben und geschnittene Tomaten auflegen. Mit geschmolzenem Fett begießen und im Backofen etwa 20 Minuten backen. Danach mit gehackter Petersilie bestreuen; Wein zugeben, mit Wasser oder Brühe aufgießen, daß das Fleisch bedeckt wird. Im Backofen oder auf der Herdplatte noch ungefähr 1 Stunde backen lassen.

Von Zeit zu Zeit Wasser nachgießen und achten, daß es nicht anbrennt.

Auberginen Musaka

1 kg Auberginen
250 g gehacktes Rindfleisch
2 Zwiebeln
2 Eier
100 g Rahmsahne
Fett, Salz, Pfeffer
Mehl und Ei zum Panieren

Auberginen waschen, Stengel abschneiden, der Länge nach in dünne Schnitten schneiden, salzen und 10 Minuten stehen lassen. Abtropfen, in Mehl, dann in geschlagenen Eiern wälzen. Auberginenschnitten im Fett beidseitig goldgelb anbraten. Feingehackte Zwiebeln im Fett anbraten, gehacktes Fleisch zugeben, salzen und pfeffern. In die vorgefettete Schüssel, abwechselnd Auberginen und Fleisch schichten, bis alles verbraucht ist. Die oberste Schicht sollte aus Auberginen bestehen. Musaka mit verquirlten Eiern begießen, die mit Rahmsahne vermischt wurden und im Rohr anbacken.

Sauerkrautmusaka

1 kg geriebenes Sauerkraut
150 g Speck
1 Zwiebel
1 Tasse Reis
150 g Räucherschinken
250 g gebratenes Hühnerfleisch
Fett, Salz, Pfeffer, Rahmsahne

Sauerkraut in Fett anbraten, damit es weicher wird. In einem zweiten Topf gehackte Zwiebeln und geschnittenen Speck in Fett anbraten. Reis zufügen, Wasser eingießen und kochen. Salzen und pfeffern. In einem Tontopf abwechselnd gebratenes Sauerkraut, gekochten Reis, feingehackten Schinken, gebratenes Hühnerfleisch schichten, bis alle Zutaten aufgebraucht sind. Letzte Schicht sollte Sauerkraut sein. Mit Rahmsahne übergießen und im Backofen überbacken.

Weißkraut auf steirische Art

700 g Weißkraut
80 g Fett
1 Zwiebel
200 g gehacktes Schweine- oder
  Rindfleisch
100 g Reis
2−3 Eier
200 ml saure Sahne
Fett, Salz

Feingehackte Zwiebel im Fett goldgelb anbraten, geschnittenes Weißkraut zufügen und dünsten, bis es weich wird.

Im zweiten Topf das gehackte Fleisch anbraten, Reis zugeben und noch einige Minuten weiterbraten.

In die vorgefettete Form abwechselnd Sauerkraut und Fleisch mit Reis aufschichten, bis alles aufgebraucht ist. Die oberste Schicht sollte Sauerkraut sein. Mit Sauersahne übergießen, in welche die Eier verquirlt wurden. Im Backofen anbakken.

Sauerkraut mit Fleisch, gebacken (für 10 Personen)

2 kg Sauerkraut (Kopf)
2 Zwiebel
1,5 kg Schweinefleisch oder Gans,
    Pute oder Hähnchen
1 Löffel Fett
Paprika edelsüß, Pfeffer

Sauerkraut gut waschen, in 8 Teile aufteilen und in 1 cm dicke Streifen schneiden. Feingehackte Zwiebeln in Fett anbraten, etwas Paprika und Pfeffer zugeben und zum Schluß geschnittenes Kraut. Alles zusammen auf mäßigem Feuer braten. Wenn das Kraut durch ist, etwas Wasser zugießen. Darauf das gesalzene Fleisch, Pute oder Hähnchen legen und im Backofen backen, bis das Fleisch fertig ist.

Wenn man Pute oder Gans auf das Kraut legt:
Geflügel waschen, Magen, Leber und Fett ausnehmen, kleinhacken, eine halbe Zwiebel, 50 g gekochten Schinken, Petersilien- und Sellerieblätter kleinhacken, Salz, Pfeffer und etwas Fett, wenn keines vorhanden war, dazugeben. Durchmischen und anbraten. Eine halbe Tasse Reis 7–8 Min. im Wasser kochen, abtropfen und mit der vorbereiteten Füllung vermischen.
Gefüllte Pute oder Gans auf das Kraut legen und im Backofen zugedeckt eine halbe Stunde backen,

dann abdecken und weiterbacken, ständig nach allen Seiten drehen, damit die Gans oder Pute eine schöne goldgelbe Farbe bekommt.

Gebackenes Fleisch im Netz

1 kg Schweinskarree
1 Schweinenetz
1 Löffel Senf
3–4 Knoblauchzehen
2 Löffel Speisezusatz Knorr
1 Lorbeerblatt
1 Zitrone
Salz, Pfeffer, Öl

Das Fleisch vom Knochen lösen, mit Senf bestreichen, mit Speisezusatz und gehacktem Knoblauch einreiben und mit Pfeffer bestreuen. Auf die Oberfläche Zitronenscheiben auflegen, in das Netz wickeln und 24 Stunden stehenlassen. Am nächsten Tag das Fleisch in die vorgefettete Form legen, Lorbeerblatt zugeben und im Backofen 40 Minuten backen. Von Zeit zu Zeit Wasser zugießen.
Gebackenes Fleisch in Schnitten aufschneiden und mit Kartoffeln anrichten.

Gefüllter Schweinerollbraten auf Serbische Art

600–700 g Schweinebraten
3 Eier
50 g Junge Erbsen
1 Aubergine
2–3 Tomaten
100 g Kalbsleber
3–4 Pfefferkörner
1 Lorbeerblatt
Essig, Salz, Pfeffer
Butter
200 ml saure Sahne

Das Fleisch leicht klopfen, salzen, pfeffern und stehenlassen bis die Füllung zubereitet ist.

Eier kochen und schälen, kleinhakken. Getrennt in Salzwasser junge Erbsen und Auberginen kochen. Gehackte Eier mit Erbsen und gehackter Aubergine, Leber und Tomaten vermischen. Gut durchmischen, salzen und pfeffern. Die Füllung in den Rollbraten füllen, einrollen, mit Faden einnähen und in die mit Butter vorgefettete Form legen.

Pfefferkörner und Lorbeerblatt darüberstreuen. Während der Backzeit mit einer Mischung aus Wasser und Essig begießen. Wenn das Fleisch gebacken ist, mit saurer Sahne übergießen und im Backofen anbacken. Fleisch aufteilen und mit der Backsoße übergossen servieren.

Geschnetzeltes Kalbfleisch mit Pilzen, gebacken

650 g Kalbfleisch
100 g Zwiebel
150 g Tomaten
100 g Paprika
150 g Pilze
100 g Öl oder Butter
Salz, Pfeffer, Petersilie

Fleisch in Streifen schneiden, salzen und in Butter oder Öl braten. Kleingehackte Zwiebeln, geputzte und geschnittene Pilze, geschälte, geschnittene Tomaten und Paprika zufügen. Alles zusammen anbraten, bis das Fleisch weich wird. Pfeffern, gehackte Petersilie zufügen und mischen.

Eine vorgefettete Schüssel mit Pergamentpapier auslegen. Die Masse eingießen und einwickeln. Zugedeckt im Backofen eine Stunde backen.

Kalbfleisch mit jungen Kartoffeln

1 kg Kalbfleisch (Rippen)
1 ganzen Knoblauch
1 Löffel Fett
100 g Speck
1 kg Früh-Kartoffeln
1–2 Tomaten
2 Möhren
Salz, Pfeffer
gehackte Petersilie
Rahmsahne

Das Fleisch von den Rippen lösen, salzen, pfeffern, einrollen, mit Faden einbinden und mit Speck und Knoblauch spicken. In einen Sud Fett geben, etwas Wasser dazu, darauf das Fleisch geben und dünsten. Wenn das Fleisch halb durch ist, ganze, geschälte Kartoffeln, geschnittene Tomaten, kleingehackte Möhren und Rahmsahne zufügen. Salzen, pfeffern, Wasser zugießen und zudecken, bis der Saft zur Hälfte einkocht.

Žgvacet-Kalbsgulasch

600 g Kalbfleisch
250 g Butter
150 g Semmelbrösel
Salz, Muskatnuß
Majoran, Parmesan
Brühe oder Wasser
Zitronenschale

Fleisch würfelig schneiden und in einem Topf im eigenen Saft braten. Wenn diese Soße verdampft, Semmelbrösel in Butter anbraten und zum Fleisch geben. Brühe oder Wasser zugießen, bis das Fleisch bedeckt ist. Salzen, Gewürze zugeben und eine halbe Stunde kochen. Zum Schluß mit geriebenem Parmesan bestreuen und mit Spaghetti, Reis oder Maisknödel servieren.

Pastizade (s. Abb. 16)

1 kg Kalbfleisch (von der Keule)
50 g Speck
100 g Zwiebel
200 g Grünzeug
  (Möhren, Petersilie, Sellerie)
2 Knoblauchzehen
50 g Tomatenmark
1 Lorbeerblatt
100 ml Rotwein
Senf
200 ml Öl
Rosmarin
Salz, Pfeffer
3 Feigen
3 getrocknete Pflaumen
1 Apfel

Fleisch waschen, trockentupfen, mit Speck und Knoblauch spicken. Salzen, pfeffern, mit Senf und Öl bestreichen und über Nacht stehenlassen.

Am folgenden Tag das Fleisch von allen Seiten in Öl anbraten. Feingehackte Zwiebel, Möhren, Petersilie und Sellerie im gleichen Fett anbraten. Fleisch zurückgeben und etwa 2 Stunden garen lassen. Zeitlich Wasser und Wein eingießen. Wenn das Fleisch weich wird, Tomaten, geschnittene Feigen, Pflaumen und Apfel zufügen.

Weiter dünsten lassen. Kurz vor Schluß, Lorbeerblatt und Rosmarin zugeben.

Fleisch in Schnitten schneiden, auf einen Teller legen, die Bratsoße durch ein Sieb durchseihen, aufkochen und über das Fleisch gießen. Mit Knödeln oder Makkaroni servieren.

Fleischklöße in Knoblauchsoße

500 g faschiertes Rindfleisch
1 feingehackte Zwiebel
1 Ei
Mehl
½ Löffel Fett
2 Knoblauchzehen
Petersilie
saure Sahne
Salz, Pfeffer
Zitronensaft

Rindfleisch salzen, Zwiebel, Ei, Pfeffer und etwas Mehl zugeben. Daraus Klöße bilden und im heißen Fett anbraten.
In der Zwischenzeit eine helle Einbrenne aus ½ Löffel Fett und ½ Löffel Mehl herstellen, Wasser zugießen, saure Sahne, gehackten Knoblauch und Petersilie zufügen, salzen und kochen.
Die gebratenen Klöße mit der Soße übergießen und noch etwas kochen. Zum Schluß mit Zitronensaft säuern.

Panierte Fleischknödel

Fleischmischung:
200 g Rindfleisch
200 g Kalbfleisch
200 g Schweinefleisch
1 Ei
1 Semmel
2 Zwiebeln
50 g Fett
2 Knoblauchzehen
30 g Mehl
Salz und Pfeffer

Panierteig:
2,50 dl Milch
2 Eigelb
100 g Mehl
Salz, Eiweißschnee, Bratöl

Alle drei Fleischsorten durch die Fleischmaschine drehen. Die Semmel in die Milch eintauchen, abtropfen und zum Fleisch geben.

Feingehackte Zwiebeln in Öl anbraten, Fleisch zugeben und weiterbraten. Eier und gehackten Knoblauch zufügen, salzen und pfeffern. Gut durchmischen. Mit den Händen Klöße formen. Aus Milch, Eigelb, Eiweiß, Mehl und etwas Salz einen Panierteig kneten. Eine Stunde stehen lassen. Klöße einzeln im Teig wälzen und in heißem Fett braten.

Frikadellen in Tomatensoße

750 g Rindfleisch (vom Hals)
2 Eier
1 Zwiebel
1 Löffel Fett
2 Knoblauchzehen
Mehl
Tomatensaft
Salz, Pfeffer
Petersilie

Fleisch drch die Fleischmaschine drehen, geschlagene Eier, feingehackte Zwiebel, Knoblauch und Petersilie zugeben. Salzen und pfeffern. Daraus Frikadellen formen, im Mehl wälzen und in heißem Fett braten, dann mit Tomatensaft übergießen und 30 Minuten kochen. Mit Kartoffeln oder Reis servieren.

Cremesuppe mit Kartoffeln

1 kg Lamm-, Rind- oder Schaffleisch
1,5 kg Kartoffeln
150 g Rahmsahne
Salz

Das Fleisch waschen, in einen Topf mit 3 Liter Wasser geben, salzen und kochen, bis es durch ist. Vor Schluß die geschälten, geviertelten Kartoffeln zugeben und weiterkochen lassen. Fleisch und Kartoffeln herausnehmen, Suppe durchsieben, Rahmsahne zufügen, Nudeln zugeben und noch ein paar Minuten kochen. Die Suppe können Sie auch mit Ei servieren.

Bockfleisch in Milch

1 kg Bockfleisch
1,5 l Milch
1/2 l Wasser
Petersilie
3 Möhren
1 Sellerie
6 Kartoffeln

Bockfleisch waschen und salzen. In einen großen Topf geben und mit einer Mischung aus Wasser und Milch übergießen. Auf mäßigem Feuer 1 Stunde kochen. Gesäubertes und gewaschenes Grünzeug (außer Kartoffeln) schneiden und hinzufügen. Weitere 20 Minuten kochen, dann geschälte und würfelig geschnittene Kartoffeln zugeben. 20 Minuten weiterkochen. Wenn das Fleisch durch ist, mit gekochten Kartoffeln, Rahmsahne und Schafkäse anbieten.

Diese Montenegriner Spezialität wird auch aus ganzen Lamm oder Böcklein zubereitet und wird auch in Schafmilch gekocht.

Bockfleisch in Wein

2 kg Bockfleisch
6 Knoblauchzehen
30 g Fett
30 g Öl
2 Möhren
3 Tomaten
2 Gläser Weißwein
Majoran, Rosmarin
Saft ½ Orange
½ Sellerie
Salz

Bockfleisch mit Salz, Majoran und Knoblauch einreiben und im heißen Fett von allen Seiten goldgelb anbraten. Geschnittene Möhren, Sellerie, Tomaten, Rosmarin, geriebene Orangenschale zufügen und mit 1 Glas Wein begießen. Zugedeckt dünsten lassen. Eine halbe Stunde später den restlichen Wein zugießen und weiter dünsten, bis das Fleisch durch ist. Dann Orangensaft zugeben. In Schnitten schneiden, auf Teller geben und mit der passierten Soße übergießen.

Gefüllte Kalbschnitzel

800 g Kalbfleisch
50 g roher Schinken
Salz, Öl
Brühe

Fleisch in Schnitzel teilen, klopfen und in die Mitte dünn geschnittenen Schinken legen. Zusammenklappen und die Enden ausklopfen, damit sie nicht aufgehen. Im Mehl wälzen und in Fett braten. Wenn die Schnitzel goldbraun sind, etwas Brühe eingießen und noch kurz weiter dünsten. Mit gekochtem Gemüse anbieten.

Panierte Schweinsrouladen

800 g Schweinefleisch
100 g rohen Schinken
100 g Topfen
Semmelbrösel
Salz, Mehl, Eier, Öl

Schweinefleisch in dünne Schnitzel schneiden, klopfen. Schinken dünn schneiden, auf jedes Schnitzel legen und darauf Topfen geben. Schnitzel rollen wie für eine Roulade, mit Spickholz befestigen und salzen. Im Mehl wälzen, dann in geschlagene Eier tauchen und zum Schluß in Semmelbrösel wälzen. Im heißen Öl braten, mit Maisbreiknödel servieren.

Rouladen nach „Karadorde" Art

600 g Kalbfleisch
150 g Rahmsahne
3 Eier
3 Löffel Mehl
Semmelbrösel
Petersilie
Öl, Salz

Fleisch in 4 dünne Schnitzel schneiden, klopfen und salzen. Jedes einzeln mit Rahmsahne bestreichen, einrollen und mit Spickholz befestigen. In Mehl wälzen, in geschlagene Eier tauchen und in Semmelbrösel wälzen.
Im heißen Fett von allen Seiten goldgelb braten.

Muskel in Rahmsahne

600 g Kalbfleisch (Muskel)
150 g Rahmsahne
2 Zwiebel
100 ml Öl
100 g Butter
Salz, Pfeffer
Mehl

Fleisch in Teile schneiden und 15 Minuten in kaltes Wasser legen. Herausnehmen, abtropfen, salzen und pfeffern. Jedes Fleischstück in Mehl wälzen und in Fett braten. Feingehackte Zwiebeln in Öl braten, weich werden lassen, Fleisch zugeben, mit Wasser oder Brühe begießen und zugedeckt etwa ½ Stunde dünsten.
Eine Einbrenne aus Butter und einem Löffel Mehl herstellen, Fleisch übergießen, noch etwas kochen und mit Rahmsahne abschmecken.
Warm servieren.

Samobor Kotelett

700 g Schweinskotelett
100 g Fett
500 g Kartoffeln
3−4 Knoblauchzehen
Salz, Petersilie

Fleisch in Koteletts schneiden, klopfen, salzen auf beiden Seiten in Fett goldgelb braten. Tomaten schälen, vierteln, salzen, in den Topf geben, mit dem Bratenfett von den Koteletts übergießen und in den Backofen stellen. − Feingehackten Knoblauch in wenig Fett anbraten, etwas Wasser zugeben, durchkochen und damit die Koteletts übergießen.
Darauf die gebratenen Kartoffeln legen und zugedeckt 15 Minuten dünsten. Mit gehackter Petersilie bestreuen.

Lamm unter dem Tonverdeck

Junges Lamm waschen, salzen und in eine größere Schüssel geben. Etwas Wasser zufügen und auf einen Dreifuß stellen, welcher in Feuernähe steht. Mit einem Tonverdeck die Schüssel zudecken und die Glut daraufsetzen. Backen, von Zeit zu Zeit Wasser eingießen und das Fleisch mit der Bratsoße übergießen. Wenn Lamm beinahe gebacken ist, die geschälten, gewaschenen und gesalzenen ganzen Kartoffeln rundum auflegen und weiterbacken.
Gebackenes Fleisch dem Tonverdeck entnehmen, in Teile schneiden und mit gebackenen Kartoffeln und Brot, ebenfalls unter dem Tonverdeck gebacken, servieren.
Auf die gleiche Art können Sie Fleisch, Kartoffeln, Brot und Gemüse backen.

Ferkel am Grill

1 Ferkel (pro Person ca. 350 g Braten)
Öl
Bier
Salz

Spanferkel 6−8 Wochen alt, innen und außen gut waschen, in eine große Schüssel geben, Wasser eingießen, 1 Stunde stehenlassen und trockentupfen. Salz im Wasser verdünnen, Ferkel außen bestreichen, innen mit trockenem Salz einreiben. In das Ferkel eine Flasche geben, wegen Geruch auch eine Quitte oder einen Apfel. Die Öffnung zunähen.
Ferkel auf einen Spieß stecken. Während der Backzeit mit einer Mischung aus Bier, Öl und Salz bepinseln, manchmal auch mit Speck. 3−4 Stunden auf mäßigem Feuer backen.

Schweinefleisch-Spieß

800 g Schweinefleisch
Salz
Pfeffer
Öl

Schweinefleisch in kleinere Stücke schneiden, salzen, pfeffern, auf einen Holzspieß anreihen. Mit Öl übergießen und auf dem Rost grillen.
Wenn das Fleisch gebraten ist, auf einen Teller geben und mit Sauergurken oder Paprika anbieten.

Schweinsfilet „Stubica"

(s. Abb. 18)

4 Schweinsfilets
15 getrocknete Pflaumen
0,3 dl Öl
Sliwowitz
3 dl saure Sahne
1,5 dl Sahne
1/2 Bündel Petersilie
2 dl Weißwein
0,3 dl hausgemachten Sliwowitz
Salz, Pfeffer

Die Pflaumen vom Kern befreien, mit frischer Butter füllen und damit die Filets füllen. Salzen und bei mäßiger Hitze braten. Den Rest der Pflaumen in Streifen schneiden, in Weißwein tränken und mit dem Filet weiterkochen. Dann saure Sahne und Sahne beifügen und weiterkochen, bis die Sauce dicklich wird. Zum Schluß hausgemachten Sliwowitz hinzugießen und noch 1–2 Minuten kochen.
Mit hausgemachten Nudeln oder Reis servieren.

✱

Gemischtes Fleisch nach „Leskovac" Art

(s. Abb. 19)

800 g Schweine- oder Kalbfleisch
400 g Zwiebel
80 g Öl
1 Pfefferoni
Salz, Pfeffer, Petersilie

Fleisch in Würfel schneiden, salzen, auf einen Seildraht fädeln, mit Öl bestreichen und auf einem Grill bakken. Fleisch vom Draht herunterziehen, in eine beölte, feuerfeste Schüssel geben. – Feingehackte Zwiebel anbraten, Pfefferoni zufügen, salzen und pfeffern. Mit gehackter Petersilie bestreuen. Alles zusammen etwa 2–3 Minuten braten. Gebratene Zwiebeln zum Fleisch geben, mischen und im Backofen anbraten.

Mousaka, Römertopf gebacken

800 g Kalbfleisch (Brust)
800 g Zwiebeln
1 Knoblauch
Weinessig
Paprika edelsüß, Salz
Fett oder Butter

Fleisch waschen, in größere Teile schneiden. Zwiebeln schälen, kleinere in 2 Teile, größere in 4 Teile aufschneiden. Fleisch in den Römertopf geben, darauf Zwiebel geben, auch Knoblauchzehe, salzen, pfeffern, mit Paprika bestreuen. Abwechselnd schichten, bis alle Lebensmittel aufgebraucht sind. Ein Teil Essig mit zwei Teile Wasser vermischen und über das Essen gießen. Darauf Butterstückchen legen.
Römertopf oben mit Pergamentpapier zudecken und backen, bis die Flüssigkeit verdampft.

Schweinefleisch im Netz

500 g Schweinefleisch
150 g Schinken
150 g Netz
Pfefferoni, Salz, Öl

Fleisch in Scheiben schneiden, salzen, mit Pfefferoni bestreuen, mit einer Schnitte Schinken belegen und ins Netz einrollen. Beidseitig auf dem Rost grillen. Mit gehackter Zwiebel servieren.

Ćevapčići (s. Abb. 17)

600 g gehacktes Rind- und Schweine-
fleisch oder Rind- und Lammfleisch
Salz, Pfeffer
2 Zwiebeln

Das Fleisch fein hacken oder durch den Fleischwolf drehen, mit Salz und Pfeffer würzen, verrühren und etwa 2 Stunden ruhen lassen. Ćevapčići händisch oder mit Maschine formen. Dann am Grill braten. Wenn sie fertig sind, auf einen Teller legen und mit feingehackter Zwiebel bestreuen. Für eine Person genügt eine halbe Zwiebel. 600 g Fleisch ergibt etwa 40 Ćevapčići.
Ćevapčići kann man in einer kleinen Schüssel − Tembala − in welcher vorher „Kajmak" zerlassen wurde, servieren. Für eine Person, d.h. für 10 Ćevapčići, genügt etwa 50 g „Kajmak" (eine Käseart von gesalzenem und abgestandenem Obers).
Leskovački čevapčići werden in derselben Weise bereitet, jedoch werden der Fleischmasse 4 feingehackte scharfe kleine Paprika, 6 g Pfeffer und 3 feingehackte Knoblauchzehen zugefügt. Leskovački čevapčići sind doppelt lang und werden üblicherweise zu 5 Stück serviert.

Pute mit Mlintzi
(für 6 Personen)

1 Pute
200 g Schweineschmalz

Der Teig für Mlintzi:
500 g Mehl
Salz

Die Pute putzen, waschen und reichlich von innen und außen salzen. Mit Schmalz bestreichen und auf ein Blech legen. Bei mäßiger Hitze (150°C) braten. Zeitweilig Wasser zugießen, damit die Pute in genügend Saft brät. Die gebratene Pute vom Blech nehmen und die Mlintzi in das Bratenfett legen. Die in Stücke geschnittene Pute auf die Mlintzi legen und im Ofen noch 10 Minuten braten.

Mlintzi:
Aus Mehl und Salzwasser den Teig bereiten, 3−4 mm dick ausrollen und in ein paar kleinere Teigflecken zerschneiden. Diese von beiden Seiten auf der Herdplatte überbacken. Die gebackenen Mlintzi in kleinere Stücke zerbröckeln, mit siedendem Wasser abbrühen und etwa 10 Minuten stehen lassen. Herausnehmen und seihen.

Abb. 17: Čevapčići (Rezept S. 80)

Abb. 18: Schweinsfilet „Stubica" (Rezept S. 79)

Abb. 19: Gemischtes Fleisch nach „Leskovac" Art (Rezept S. 79)

Abb. 20: Hase auf Medimurje Art (Rezept S. 83)

Wildbret

Wildlake

1 l Weinessig
1 l Wasser
2 Zwiebeln
2 Lorbeerblätter
Petersilie
1 Möhre
1 Nelke
1 Muskatnuß
15 Pfefferkörner
Salz

Wasser mit Essig mischen, in Scheiben geschnittene Zwiebeln, kleingeschnittenes Grünzeug, Nelke, Pfefferkörner, etwas Salz, geriebene Muskatnuß und Lorbeerblatt zugeben. Die Mischung in den Topf geben und durchkochen. Abkühlen und mit der vorbereiteten Lake das Wild übergießen. 2–3 Tage stehenlassen.

Reh auf „Postojna" Art

(für 10 Personen)

2 kg Rehfleisch
20 ml Öl
500 g Zwiebeln, Knoblauch
50 g gehackten Speck
3 Lorbeerblätter
3 Tomaten
3 Nelken
etwas Majoran
Muskatnuß, Rosmarin
Paprika edelsüß
½ l Weißwein
200 ml Rotwein
200 ml saure Sahne
Salz
Pfeffer

Fleisch in Stücke schneiden, zusammen mit den feingehackten Zwiebeln in Öl anbraten. Zerdrückten Knoblauch, gehackten Speck, geschnittene Tomaten, Majoran, Muskatnuß, Rosmarin, Paprika und Nelken zugeben. Salzen und pfeffern, Weißwein und Rotwein zugießen, und auf mäßigem Feuer etwa 2 Stunden dünsten. Das Fleisch aus dem Topf nehmen, die Soße durch ein Sieb passieren. Das Fleisch zurück in den Topf geben und mit der passierten Soße übergießen, der man noch Sahne zugefügt hat.
Nochmals 10 Minuten kochen lassen. Mit breiten Nudeln oder Polenta servieren.

Auf die gleiche Art kann man auch Hase, Wildschwein oder Rind zubereiten.

Wildschwein in Johannisbeersoße

(für 10 Personen)

2 kg Wildschweinfleisch
10 dag Öl
5 dag Mehl
1 Zwiebel
20 Johannisbeeren
5 Nelken
Salz, Zucker
Essig
Wasser oder Suppe

Fleisch in Stücke schneiden, in Öl anbraten, Wasser zugießen und kurz dünsten. Im Öl die gehackte Zwiebel anbraten, Mehl zugeben, mit Wasser oder Suppe aufgießen und zum Fleisch gießen. Die Johannisbeeren zerdrücken, zum Fleisch geben und die Nelken mit etwas Zucker und Salz dazugeben. Kochen, bis das Fleisch weich ist. Vor dem Servieren mit Essig abschmecken.

Hase auf Medimurje Art

(für 10 Personen) (s. Abb. 20)

1 Wildhase
20 dag Möhren
10 dag Petersilie
10 dag Sellerie
10 dag Zwiebel
10 dag Mehl
10 dag Fett
2 dl Weißwein
2 dl saure Sahne
Salz, Pfeffer
Zucker, Senf, 1 Zitrone

Den in Lake abgelagerten Hasen in Stücke schneiden, salzen und auf Fett anbraten. Das Fleisch aus dem Fett nehmen und im selben Fett die klein-gehackten Zwiebeln anbraten. Das geputzte, gewaschene und kleinge-hackte Gemüse zugeben und weiter-braten. Wenn es weich ist, das Mehl und etwas Wasser zuschütten und dünsten. Diese Soße durch ein Sieb drücken, saure Sahne und Weißwein dazugeben und über den Hasen gie-ßen. Noch 15 Minuten dünsten.

Hase auf Sinjer Art

1 Hase
4 dl Öl
1 Knoblauchzehe
1 Glas Rotwein
1 Löffel Zucker
Pfefferkörner, Essig
Rosmarin, Salz, Speck

Den geputzten Hasen waschen, mit Knoblauch und Speck spicken, sal-zen. Den Hasen in eine Bratpfanne geben, mit 1 dl Öl und ½ dl Essig übergießen. Pfeffer und Rosmarin zugeben und ins Rohr stellen. Den gebratenen Hasen in Stücke schnei-den, in einen Topf geben, mit dem übrigen Öl und Bratensaft übergie-ßen, Wein dazuschütten, nach Ge-brauch noch Essig und Zucker zuge-ben und auf kleinem Feuer solange dünsten, bis die Soße dick wird.
Den Topf von Zeit zu Zeit schütteln.

Gefüllter Fasan

1 Fasan
2 Handvoll Pilze
2 Semmeln
10 dag geräucherten Speck
2 Löffel Weißwein
1 Löffel Wasser
2 Eier
Petersilie
10 dag Butter
Salz, Pfeffer
Muskatnuß

Den gerupften, geputzten und gewa-schenen Fasan salzen, pfeffern und während man die Füllung zubereitet, den Fasan ruhen lassen. Die Sem-meln in Wasser einweichen, abtrop-fen lassen und durch ein Sieb drük-ken. Die Pilze kleinhacken und den Speck durch den Fleischwolf drehen. Beides in einen Topf geben, die kleingehackte Petersilie dazugeben, zusammen mit Wasser, Weißwein und der geriebenen Muskatnuß. Pfeffern und salzen, 10 Minuten kochen, vom Feuer nehmen und abkühlen lassen.
In die erkaltete Masse die Eier geben und gut durchmischen, mit dieser Fülle den Fasan füllen, die Öffnung zunähen und den Fasan in eine Brat-pfanne geben. Butter dazu und im Rohr braten. Während des Bratens mit dem Bratensaft aufgießen. Den gebratenen Fasan in Stücke schnei-den, mit dem Saft übergießen und mit Kartoffelkroketten servieren.

83

Beilagen

Kartoffelnockerl

75 dag gekochte Kartoffeln
1 Ei
1 Eigelb
25 dag Mehl
4 dag Butter
Salz

Die gekochten Kartoffeln durch ein Sieb drücken, salzen, das Ei, Eigelb, Butter und Mehl dazugeben.

Gut vermischen und vom Teig eine Wurst formen und diese in Stücke von 2−3 cm Größe schneiden.

Jedes Stück über ein Reibeisen ziehen und die so hergestellten Nokkerln in Salzwasser ungefähr 15 Minuten kochen, abgießen.

Zu Paprika, Pasticada oder Rindfleisch servieren.

Heidensterz

50 dag Heidensterzmehl
1,5 l Wasser
15 dag Fett
Salz

Wasser in einen Topf gießen, salzen und kochen. Dann vorsichtig das Heidensterzmehl dazuschütten, aber nicht vermischen, daß sich ein Ball bildet, der schwimmt.

Nach 10 Minuten diesen umdrehen und noch einmal 10 Minuten kochen lassen. Nun das Wasser abgießen und den Ball vermischen. Weiterkochen und Wasser nach Gebrauch zugeben. In einer Pfanne Fett erhitzen, den Sterz zugeben, mit einer Gabel zerkleinern und vermischen.

Mit Milch servieren, den Sterz mit der zerlassenen Butter übergießen und mit gebratenen Speckwürfeln und Schweinegrieben belegen.

Kartoffelsterz

50 dag Kartoffeln
20 dag Roggenmehl
8 dag geräucherter Speck
Salz

Die geschälten Kartoffeln in Stücke schneiden, in einen großen Topf geben, mit Wasser aufgießen, bis sie bedeckt sind und salzen.

In einer eisernen oder Aluminiumpfanne das Roggenmehl anbraten, aber nicht anbrennen lassen. Die Kartoffeln mit gebratenem Mehl bestreuen und einkochen. 15 Minuten kochen, Wasser abgießen, Kartoffeln mit Mehl gut vermischen und in eine Form geben, in der bereits der gebratene und geschnittene Speck vorbereitet wurde. Im Backofen bakken. Die gebratene Masse mit der Gabel zerdrücken. Mit Fleisch oder Sauerkraut servieren.

Nudeln

40 g Mehl
2 Eier
100 ml Wasser
Salz

Mehl, Eier, etwas Wasser und Salz, einen nicht zu festen Teig kneten, etwa 3 mm dünn auswalken, trocknen lassen und dann rollen. Breite Nudeln schneiden, in Salzwasser kochen, abseihen und mit kaltem Wasser abwaschen.

Mit verschiedenen Beilagen servieren. Am einfachsten auf einen Löffel Fett, 5 Löffel Semmelbrösel zugeben, in die Nudeln geben und alles zusammen anbacken. Mit Rahmsahne übergießen und aufkochen lassen, oder auf Butter braten und mit Parmesan bestreuen.

Aus 250 g Hackfleisch, zusammen mit feingehackter Zwiebel und Nudeln bekommen Sie ein schnelles und schmackhaftes Essen.

Süße grüne Erbsen

1 kg grüne Erbsen
80 g Fett
20 g Mehl
3 Zuckerwürfel
Salz
saure Sahne

Erbsen in Bohnenkrautgrün waschen und die Enden abschneiden. Fett in einem Topf erwärmen, Zucker und Erbsen zufügen, salzen und durchmischen. Anbraten, Wasser zugeben, zudecken und dünsten, bis die Erbsen durch sind. Im übrigen Fett Mehl goldgelb anbraten, Erbsen zufügen und wenn nötig, noch etwas Wasser, durchkochen. Mit saurer Sahne abschmecken.

Kartoffelhälften „Lika" Art (s. Abb. 21)

1 kg Kartoffeln
Salz
Käse oder Butter

Die ungeschälten Kartoffeln waschen und trocknen. Der Länge nach in zwei Hälften schneiden, jede Hälfte gut salzen und im Ofen am Rost bei einer Hitze von 250°C etwa 30 Minuten braten.

Die gebratenen Kartoffelhälften werden mit Butter, Käse „Basa" (eine Art von hausgemachtem Käse), oder anderem Käse und Sauerkraut serviert.

Gotovac

3 dag Rahmsahne
25 dag Maismehl
30 dag Topfenkäse
½ l Wasser
Honig

In einen Topf die Rahmsahne geben, mit Wasser aufgießen und auf kleinem Feuer 5 Minuten kochen. Vom Feuer nehmen, nach und nach Mehl zugeben und ständig umrühren.
Wieder auf das Feuer stellen, und unter ständigem Rühren 30 Minuten kochen. Den in Stückchen geschnittenen Käse dazugeben, mischen und warm servieren. Nach Wunsch mit Honig übergießen.

Anmerkung:
Während des Kochens Wasser nach Bedarf zugeben.

Montenegrinisches Kačamak

50 Kartoffeln
25 dag Maismehl
25 dag Rahmsahne
saure Milch
Salz

Die Kartoffeln schälen, in 4 Teile schneiden und in Salzwasser kochen. Zu den gekochten Kartoffeln das Maismehl geben und noch 20 Minuten weiterkochen.
Gut vermischen, sodaß die Masse glatt wird, mit Rahmsahne abschmecken.
Mit saurer Schafmilch servieren.

✱

Soßen

Zwiebelsoße

2 Zwiebeln
4 dag Fett
3 dag Mehl
1 dl saure Sahne
1 dag Zucker
Salz, Essig

Aus dem Mehl und Fett eine Einbrenne machen. Wenn diese braun ist, die kleingehackten Zwiebeln zugeben und ebenfalls anbräunen. Salzen, etwas Wasser oder Suppe zugießen, Zucker, Sahne und etwas Essig dazu. Aufkochen lassen undd abgießen. – Zwiebelsoße serviert man meist mit gekochtem Rindfleisch.

Tomatensoße

1 kg Tomaten
2 dag Zucker
3 dag Mehl
1 dl saure Sahne
½ Zwiebel
Sellerieblatt

Die Tomaten waschen, in einen Topf geben und etwas Wasser zuschütten, das Sellerieblatt hinzugeben und solange kochen, bis sich die Haut der Tomaten ablöst. Die gekochten Tomaten durch ein Sieb drücken. In einem Topf Fett anwärmen, den Zucker zugeben, braten. Anschließend das Mehl zufügen und braten, bis es eine bräunliche Farbe erhält. Die gehackte Zwiebel hinzufügen, mit Wasser aufgießen und die Tomaten dazugeben. Salzen, die Sahne dazuschütten und noch einmal aufkochen lassen.
Tomatensoße serviert man mit gekochtem Fleisch, Risotto, wie auch zu Fisch und Eierspeisen.

Soße aus sauren Gurken

3 dag Butter
½ Zwiebel
3 dag Mehl
1 kleiner Löffel Senf
2 saure Gurken
1 kleiner Löffel Zucker
Zitronensaft

Die kleingehackte Zwiebel in Butter oder Fett anbraten, Zucker zugeben und goldbraun braten. Mehl hinzufügen und ebenfalls anbräunen lassen. Mit Wasser oder Suppe aufgießen, den Senf und etwas Zitronensaft zugeben. Aufkochen lassen und die klein geschnittenen sauren Gurken dazugeben. Kochen bis eine dicke Soße entsteht (ca. 20 Minuten).

Diese Soße serviert man zu gekochtem Fleisch und Gemüse als Beilage.

Apfelkrensoße

2 saure Äpfel
6 kleine Löffel Zucker
3 Löffel geriebenen Kren
Saft einer halben Zitrone

Äpfel schälen, putzen und in dünne Scheiben schneiden. Die geschnittenen Äpfel in einen Topf geben, mit heißem Wasser und 2 Löffel Zucker zugedeckt 20 Minuten stehenlassen. Danach den Zitronensaft und 4 Löffel Zucker zugeben und auf kleinem Feuer kochen. Vom Feuer nehmen, den geriebenen Kren zufügen und durch ein Sieb pressen. Abkühlen und servieren.

Diese Soße serviert man zu gekochtem Huhn, gekochten Kartoffeln und Zunge.

Weichselsoße

30 dag Weichseln
2 Löffel Fett
1 Löffel Mehl
2 Löffel saure Sahne
Salz

In einem Topf Fett erwärmen, Mehl dazugeben und braten. Ist das Mehl braun, gibt man die Weichseln dazu, von denen man vorher die Kerne entfernt hat und brät sie gut an. Mit Wasser oder Rindsuppe aufgießen, Sahne dazugeben und etwas salzen. Auf kleiner Flamme 10 Minuten kochen.

Weichselsoße ist eine ausgezeichnete Beilage zu gekochtem Fleisch und anderen gekochten Fleischsorten.

Salate

Grüner Salat mit Sauermilch

3 Salatköpfe
6 dl Sauermilch
4−5 gehackte Knoblauchzehen
2 gekochte Eier
Salz, Pfeffer, Öl

Den Salat waschen, die Blätter teilen und in Streifen schneiden. In eine Schüssel geben und salzen. Das hart gekochte Eigelb hacken, etwas Öl zugeben, ebenso den zerkleinerten Knoblauch und Pfeffer. Die Eier unter die Sauermilch rühren und das Ganze mit dem grünen Salat vermischen oder auch gesondert servieren.

Serbischer Salat

500 g Tomaten
250 g Gurken
2 Zwiebeln
1 scharfe Paprikaschote
Salz, Öl

Die Tomaten waschen, putzen und in Würfel schneiden. In einen tiefen Topf geben, die geschälten und in Würfel geschnittenen Gurken mit den gehackten Zwiebeln dazugeben. Salzen, mit Öl übergießen und leicht vermischen. Die geschnittenen, scharfen Paprika darüberstreuen. Dem so vorbereiteten Salat kann man auch frische Paprika, in Würfel geschnitten, zugeben.

Schop Salat (s. Abb. 22)

500 g Tomaten
3 Zwiebeln
1 kleine, grüne, scharfe Paprikaschote
200 g harter, weißer Käse
2 frische Gurken
Salz, Öl

Die Tomaten und die geschälten Gurken in Würfel schneiden, die Zwiebeln kleinhacken, salzen, mit Öl übergießen und leicht durchmischen. Mit den kleingeschnittenen scharfen Paprikaschoten und dem geriebenen weißen Käse bestreuen.

Gurkenspeise

2−3 frische Gurken
4 dl Sauermilch oder Joghurt
2 Löffel Öl
4−5 gehackte Knoblauchzehen
Salz, Pfeffer

Gurken waschen, die Spitzen abschneiden, schälen und in Würfel schneiden, salzen und einige Minuten stehen lassen, damit sie weich werden. Das Gurkenwasser abseihen. Knoblauch klein zerstoßen, langsam Öl zugeben, nochmals etwas zerstampfen, dann mit Joghurt oder Sauermilch übergießen, welche mit etwas Wasser verdünnt ist. In die saure Milch geben Sie die geschnittenen Gurken, vermischen und kalt servieren.

Anstatt Knoblauch kann man auch scharfe Paprika oder Pfeffer nehmen. Manchmal verwendete man anstelle von Sonnenblumenöl auch Öl von Sesam oder Mohn. Das ist eine beliebte mazedonische Spezialität.

Kartoffelsalat

(für 6 Personen)

1 kg Kartoffeln
3 Zwiebel
Öl
Essig
Petersilie
Salz
Pfeffer

Kartoffeln waschen und mit Schale kochen. Schälen und in Scheiben schneiden. In eine Schüssel eine Lage Kartoffeln geben, salzen, anschließend eine Lage in Ringe geschnittene Zwiebeln und wieder salzen. Kartoffel- und Zwiebellagen abwechseln, die oberste Schicht soll eine Kartoffelschicht sein. Aus Öl, Essig, Salz und Pfeffer eine Marinade bereiten, 15 Minuten stehenlassen, dann über die Kartoffeln gießen. Mit kleingehackter Petersilie bestreuen.

Linsensalat

200 g Linsen
½ dl Öl
1 Zwiebel
1 Tomate
2 hartgekochte Eier
Petersilie, Salz, Pfeffer

Linsen putzen, waschen und in kaltem Wasser 2–3 Stunden einweichen. Im selben Wasser die Linsen kochen, abseihen und abkühlen lassen. Die kalten Linsen salzen, pfeffern, mit Öl übergießen, kleingehackte Zwiebel, die geschnittene Tomate und die in Würfel geschnittenen harten Eier dazugeben. Mit Petersilie bestreuen und leicht durchmischen.

Porree-Lauch-Salat mit Sauermilch

300 g Porree
5 trockene Paprika
3–4 Knoblauchzehen
200 g saure Schafmilch
Salz, Pfeffer

Paprika in Wasser kochen, die Samen entfernen und die Haut abziehen. Den Porree schneiden, gehackten Knoblauch und Paprika zugeben. Salzen, pfeffern, durchmischen und mit saurer Milch übergießen.

Sauerkrautsalat

1 kg Sauerkraut
100 g Öl
roten Paprika und
gemahlenen getrockneten Paprika
Krautwasser

Das Sauerkraut in größere Stücke schneiden (oder in Streifen), in eine Schüssel geben, mit rotem Paprika bestreuen, mit Öl und Krautwasser übergießen und vermischen. Nach Wunsch kann man auch gemahlenen, scharfen Paprika zugeben. Diesen Salat kann man als Vorspeise oder als Beilage essen.

Macanica Salat

300 g Bohnen (bunte)
3–4 scharfe Paprika
4–5 Knoblauchzehen
Salz, Öl

Die Bohnen in Wasser kochen, abseihen und zerdrücken. Paprika im Wasser kochen, schälen, schneiden und zu den Bohnen geben. Kleingehackten Knoblauch dazu. Salzen, mit Öl übergießen, vermischen und in den Kühlschrank stellen. Mit Braten (gebratenem Fleisch) servieren.

„Getöse" Salat
(für 10 Personen)

800 g fetten, alten, weißen Käse
100 g Rahm
150 g Ajvar
1 dl Öl
1 TL zerstoßenen, trockenen,
* scharfen Paprika*
1 TL gemahlenen, roten Paprika
4–5 Knoblauchzehen
1 Eigelb
Pfeffer

Käse mit der Gabel zerdrücken, Öl zugeben, den gehackten Knoblauch, dann den gemahlenen und zerstoßenen Paprika und gut vermischen. Mit einer Gabel das Eigelb verquirlen, Rahm und Ajvar untermischen, mit dem zerdrückten Käse vermischen. Pfeffern.

Serbisches Ajvar
(für 8 Personen)

10 große längliche Paprika
10 runde Paprika
3 Auberginen
5–6 grüne Tomaten
½ Knoblauch
Salz, Öl, Essig

Die Paprika, Auberginen und die grüne Tomaten im Backofen braten oder grillen, anschließend schälen. Paprika putzen und von Samen und Stengeln befreien. Alle Zutaten kleinhacken und durch den Fleischwolf drehen.
Knoblauch putzen, zerdrücken, das gemahlene Gemüse zugeben, salzen, mit Öl und Essig übergießen und gut durchmischen. So zubereitete Ajvar kann man kühl lagernd auch einige Tage aufbewahren.

Pindžur Salat
(für 10 Personen)

1 kg Tomaten
1 kg Paprika
500 g Auberginen
1 Knoblauchzehe
Petersilie
Salz
Pfeffer
Öl

Die Paprika, Tomaten und Auberginen braten, schälen, putzen und durch den Fleischwolf drehen. Die gemahlene Masse in ein Gefäß geben, mit Öl übergießen und kleingehackten Knoblauch zugeben. Salzen und pfeffern. Kochen bis sich die Masse verdickt. Abkühlen lassen und bestreut mit gehackter Petersilie servieren.

„Geschlagene Paprika"

1 kg Paprika
1 Aubergine
150 g Öl
2–3 Knoblauchzehen
Salz

In einem höheren Stampfer den Knoblauch mit etwas Salz zerstoßen. Paprika auf der Herdplatte oder im Rohr braten, schälen, von den Stielen und vom Samen befreien. Die gebratenen Paprika schneiden und gut im Stampfer zerstoßen. Alles vermischen, Knoblauch zugeben, mit heißem Öl übergießen, salzen.

Abb. 21: Kartoffelhälften „Lika" Art (Rezept S. 87)

Abb. 22: Schop Salat (Rezept S. 94)

Abb. 23: Dalmatinische Fritteln (Rezept S. 100)

Abb. 24: Urmašice – Bosnische Süßspeise (Rezept S. 102)

Nachspeisen

Ungekochte Zitronencreme

3 Eier
3 Löffel Zucker
1 Zitrone
2 Gelatineblätter

Eigelb mit Zucker schaumig rühren, den Saft einer ganzen Zitrone und geriebene Schale einer halben Zitrone zugeben. Gut verrühren. Die Gelatine im warmen Wasser erweichen, unter das Eigelb mischen und den steifen Schnee vom Eiweiß zugeben. Leicht unterheben. Im Glas oder in Glasschüsselchen abgekühlt servieren.

Zerde

1 Tasse Reis
1 Tasse Honig
1 Würfel Zucker
Salz
geriebene Schale
  einer halben Zitrone
Zimt
9 Tassen Wasser

Wasser, Honig und Zucker in einen Topf geben und kochen. Nach dem Aufkochen den Schaum abschöpfen, Reis zugeben und weiterkochen. Bevor der Reis gar ist, die abgeriebene Zitronenschale, den Saft und den Zimt zugeben. Das gekochte Zerde auf Teller gießen, abkühlen lassen und servieren.

„Zerde" kommt aus dem Türkischen und bedeutet Nachspeise.

Marmeladetaschen

(für 6 Personen)

Teig:
500 g Mehl
2 Eier
Salz

Füllung:
Pflaumenmarmelade

Guß:
1 Löffel Butter
50 g Nüsse
100 g Staubzucker

Aus den Zutaten einen Nudelteig mischen und in 2 dünne Blätter auswalken. Auf ein Blatt Marmeladehäufchen im Abstand von 5 cm setzen. Das zweite Blatt obendrauf legen und die Zwischenräume leicht mit den Fingern zudrücken, mit dem Teigrädchen runde oder viereckige Täschchen ausschneiden.

Die Taschen in kochendes Wasser legen. Wenn sie auf der Oberfläche erscheinen, aus dem Wasser nehmen und in einem Küchensieb abtropfen lassen. In eine Schüssel geben, mit zerlassener Butter übergießen und mit einer Mischung aus Staubzucker und gemahlenen Nüssen bestreuen. Anstelle der Nüsse kann man die Täschchen auch mit gebräunten Semmelbröseln bestreuen (3 Löffel Fett und 2 Löffel Brösel).

Palatschinken mit Nüssen und Heidekornbrei

Teig:
500 g Mehl
1 l Milch
4 Eier
Salz

Füllung:
250 g Nüsse
250 g Heidekorn
200 g Zucker
2 dl Milch
150 g Öl
50 g Fett

Aus Mehl, Milch, Salz und Eiern einen flüssigen Eierpfannkuchenteig zubereiten und auf heißem Öl braten.
Heidekorn mit 50 g Fett in Wasser kochen und abseihen. Mit gemahlenen Nüssen, Zucker und Milch vermischen und mit dieser Masse die Eierpfannkuchen füllen.

Überbackene (gratinierte) Palatschinken

Teig:
120 g Mehl
20 g Zucker
2 Eier
10 g Staubzucker
200 g Wasser
Salz

Füllung:
100 g Nüsse
20 g Zucker
20 g Rosinen
1 Päckchen Vanillezucker
Rum

Guß:
½ l süße Sahne
5 Päckchen Vanillezucker
150 g Staubzucker
1 Eigelb

In einem tieferen Gefäß die Eier mit einer Gabel verquirlen, mit Mehl und Zucker gut vermischen, damit keine Klümpchen entstehen. Vorsichtig Wasser zuschütten, etwas salzen. In eine Pfanne Fett oder Öl geben, gut erhitzen und die Palatschinken ausbraten. Jede Palatschinke mit der Masse aus Nüssen, Rosinen, Zucker und Vanillezucker füllen. Mit Rum bespritzen, einrollen, halbieren und in eine feuerfeste Form legen. In die süße Sahne Zucker und Eigelb mischen und das Ganze über die Palatschinken gießen. Im Rohr auf 250° C backen.

„Fanjki"

300 g Mehl
3 Eigelb
2 Löffel Zucker
3 Löffel süße Sahne
1 Löffel Rum oder Weißwein
4 dl Öl
Staubzucker, etwas Salz

Das Eigelb mit dem Zucker vermischen, Rum oder Weißwein und süße Sahne zugeben. Vorsichtig das Mehl untermischen, etwas salzen und den Teig vermischen. Eine halbe Stunde ruhen lassen, dann den Teig etwas dicker als für Nudeln auswalken. In Quadrate oder Rhomboide schneiden und jedes Quadrat in der Mitte an einigen Stellen einschneiden. Die auf diese Weise hergestellten Bänder kann man verflechten. In heißem Fett backen. Die gebackene Fanjki auf einem Teller, mit Staubzucker bestreut, servieren.

Mafiši – Mafisch

250–300 g Mehl
½ l Milch
3 Eier
Fett, Zucker

Aus Mehl, Milch und Eiern einen Teig wie für Palatschinken mischen. Er sollte aber etwas fester sein. Die Model (Form) für Mafisch in ein Gefäß mit ziemlich heißem Fett geben, in den Teig tauchen und anschließend in das Gefäß mit heißem Fett tauchen und fritieren, bis der Teig Farbe annimmt. Den Vorgang wiederholen, bis der ganze Teig aufgebraucht ist. Mit Zucker bestreuen.

Mafisch kommt von dem türkischen Wort maviš, welches soviel wie „leer" – „inhaltslos" bedeutet. Diese Kuchen bekamen den Namen, weil sie auf der Zunge zergehen und somit „verschwinden".

Dalmatinische Fritteln

1,5 kg Mehl   (s. Abb. 23)
30 g Hefe
1 Glas Schnaps
5 Löffel Rosinen
Öl, Salz
geriebene Schale einer Zitrone
50 g Mandeln
1 Liter Öl zum Braten
Staubzucker

Die Hefe mit etwas Mehl und lauwarmem Wasser mischen und warten, bis die Hefe aufgeht. Das gesiebte Mehl in ein Gefäß geben, in die Mitte gequollene (gegangene) Hefe geben, etwas gesalzenes lauwarmes Wasser zugeben und mit einem Kochlöffel den Teig vermischen. Etwas Schnaps, Öl, geriebene Schale einer Zitrone, die Rosinen und die gehackten Mandeln dazugeben. Mischen bis Blasen aufsteigen, dann im Warmen 1 Stunde ruhen lassen. Den Teig in die linke Hand nehmen, zwischen Daumen und Zeigefinger zerdrükken, mit einem kleinen Löffel in der rechten Hand die Fritteln formen. Im heißen Öl goldgelb backen. Immer nur einige Fritteln auf einmal fritieren. Die gebratenen Fritteln mit einem Schöpflöffel herausnehmen, in eine Schüssel geben und mit Staubzucker bestreuen.

Fritteln sind eine Spezialität aus dem dalmatinischen Küstenland. Der Ausdruck kommt von dem italienischen Wort „frittella".

Pituljice

250 g Mehl
1 dl Milch
3 Eier
50 g Butter
Salz
Zucker
Öl zum Braten
Butter zum Bestreichen

Aus Eier, einem Löffel Zucker, Salz, Milch, Butter und Mehl einen Teig mischen, in 5–6 Teile teilen, 1 Stunde ruhen lassen und jeden Teil in ein dünnes Blatt auswalken. Jedes Blatt mit zerlassener Butter bestreichen, ein Blatt auf das andere legen und daraus ein Blatt von ½ cm Dicke walken. Anschließend Quadrate ausschneiden und in heißem Fett auf beiden Seiten backen. Aus dem Fett nehmen und zuckern oder mit Käse servieren.

Pokladnice – Faschingskrapfen

500 g Mehl
120 g Zucker
100 g Butter
5 Eigelb
3 dl Milch
2 Löffel Rum
3 Würfel Zucker
50 g Hefe
Vanillezucker
Salz
Öl

Hefe, Würfelzucker und 1 dl Milch vermischen und im Warmen stehenlassen, bis die Hefe aufgeht. In einem Gefäß Butter, Rum, Eigelb, etwas Milch und Zucker vermischen, Mehl in eine tiefere Schüssel geben, etwas salzen, in die Mitte eine Vertiefung machen und die Butter, die mit den übrigen Zutaten vermischt wurde, dazugeben, die gegangene Hefe zugeben. Mit einem Kochlöffel den Teig solange schlagen, bis er sich vom Schüsselrand löst. Anschließend im Warmen 2 Stunden ruhen lassen.

Den Teig auf einen Tisch oder ein Brett geben, mit Mehl bestreuen und 1,5 cm dick auswalken. Mit einem Glas oder einer anderen Form Teig ausstechen, zudecken und wieder gehen lassen. Öl erhitzen, die Faschingskrapfen hineinlegen, zudecken und goldgelb backen. Den Topf öffnen und die Krapfen auf der anderen Seite backen.

Die fertigen Pokladnice auf einem Teller anrichten und mit Zucker und Vanillezucker bestreuen.

Dunlari

6 Eier
6 gestrichene Löffel Brösel oder Stärke
Butter

Für den Guß:
500 g Zucker
3/4 l Wasser

Eier verquirlen, Brösel oder Stärke zugeben und eine halbe Stunde ruhen lassen.
In einer Pfanne Butter erhitzen, mit einem Löffel Teig nehmen und in der Butter goldgelb backen. Während des Backens darf aber der Teig nicht mit der Gabel zerstochen werden. Aus Wasser und Zucker einen Sirup kochen, die Dunlare hineintauchen, etwas kochen lassen. Auf einem Teller anrichten.

Tulumbe

Teig:
500 g Mehl (250 g griffig, 250 g glatt)
5 Eier
1 Liter Milch, 1 Schale Öl
Salz, Zucker

Guß:
1,5 kg Zucker
1/2 l Wasser
2 Zitronen

Milch mit etwas Zucker, Salz und Öl kochen. Nach dem Aufkochen vom Feuer nehmen und das griffige und glatte Mehl einmischen. Wieder auf das Feuer stellen und unter ständigem Rühren kochen, bis sich der Teig von der Gefäßwand abhebt, auskühlen lassen. Die Eier verquirlen und leicht unter den Teig mischen, wieder eine Stunde ruhen lassen. Mit einer Spritze den Teig füllen und die „Tulumbe" von 5–6 cm Größe zubereiten. In viel Fett goldgelb backen.

Hausgemachte Alva (Halva)

500 g Zucker
200 g Fett
4 Löffel Mehl
Staubzucker

In einem Topf Fett erhitzen, Mehl zugeben und eine dicke Einbrenne machen. Ständig umrühren.

In einen anderen Topf Zucker geben, ein halbes Liter Wasser zuschütten und einen dünnen Sirup kochen.

Den Sirup langsam in die Einbrenne geben und unter ständigem Rühren kochen, bis die Masse fest wird und sich vom Löffel löst. Abkühlen lassen, mit einem Löffel kleine Stückchen herausheben, mit Zucker bestreuen, kalt servieren.

Halva ist ein arabisches Wort und bedeutet süß.

Urmašice (Bosnische Süßspeise)

300 g Mehl (s. Abb. 24)
250 g Butter
2 EL geseihte saure Milch
1 EL Zucker
Soda bicarbona oder Backpulver

Für den Überguß:
400 g Zucker
1 Zitrone
Honig

Die Butter erweichen und schaumig rühren, 2 EL saure Milch, 1 EL Zucker und eine Messerspitze Soda bicarbona beifügen. Verrühren, Mehl beimischen und einen weichen Teig bereiten. Vom Teig kleine Kugeln formen und diese auf einer mit Mehl bestreuten Reibe flachdrük-ken, in der Weise, daß ein Teigstück in Größe und Form einer Dattel entsteht. Jedes Teigstück von der Seite zur Mitte biegen, sodaß die Ränder aneinander kommen. Die Urmašice auf ein gefettetes Blech mit dem Reibeornament nach oben legen. Bei starker Hitze backen.

In der Zwischenzeit von Zucker, Wasser und in Scheiben geschnittener Zitrone einen dicken Zuckersaft bereiten, die gebackenen Urmašice damit übergießen und mit einer reinen Serviette bedecken. Im Blech am Dunst lassen und, wenn der Zucker eingesaugt ist, auf einem Teller anrichten und mit Honig bestreichen.

Metohijska ulutma

200 g Zucker
200 g Walnüsse
150 g Rosinen
150 g Grieß
5 Eier

Guß:
700 g Zucker
Zitronensaft ½ Zitrone
1 Päckchen Vanillezucker
200 ml Wasser

Eigelb mit Zucker vermischen, gemahlene Nüsse, Rosinen, Gries und den steifen Schnee vom Eiweiß dazugeben. In die vorgefettete Form, die mit Mehl bestäubt wurde, gießen, im Backofen backen. Aus Zuckerwasser, Wasser, Zitronensaft und Vanilezucker einen Sirup kochen.

Die Ulutma in Dreiecke schneiden, mit Sirup übergießen, und abkühlen lassen.

Ulutma bedeutet wörtlich Vergißmeinnicht.

Rešedija

1 EL Butter
1 Tasse Staubzucker
1 Tasse Mehlstärke
³/₄ Tasse Wasser

Die Butter im Topf erwärmen, in der Zwischenzeit Staubzucker und Mehlstärke mit Wasser verdünnen. Gut durchmischen, in heißes Fett gießen, ständig rühren, bis kleine Stückchen entstehen und eine goldgelbe Farbe annehmen. Herausnehmen, auf einen Teller legen und mit Staubzukker bestreuen.
Rešedije können Sie auch mit Honig bereiten.

Schokoladen-Küsse

180 g Mandeln
  (geschält und gemahlen)
140 g Vanillezucker
ca. 100 g Schokolade
2 Eiweiß

Eiweißschnee steif schlagen, gemahlene Mandeln, Zucker und geriebene Schokolade zugeben und mischen. Mit Hilfe eines Löffels kleine Küßchen in die Form setzen und im warmen Backofen trocknen.

Fasten Lokum

250 g Mehl
250 g Zucker
4−5 Löffel Öl
1 geriebene Zitronenschale

Mehl, Zucker, Öl und Zitronenschale zu einem Teig kneten, auswalken und schräg in kleine schmale Streifen schneiden. In die vorgefettete Form legen und goldbraun backen. Nach 4−5 Tagen sind die Lokum viel schmackhafter.

Zerstäubte Küchlein

250 g Fett
250 g Zucker
250 g gemahlene Nüsse
4 Eier
500 g Mehl
Marillenmarmelade

Eine Handvoll Nüsse und Zucker wegnehmen. Fett schaumig mischen, Zucker, gemahlene Nüsse, Eigelb und Mehl zugeben. Vermischen, einen Teig kneten und ½ cm dünn auswalken. Mit Schnapsglas Küchlein ausstechen und auf die vorgefettete Form legen. Festen Eiweißschnee schlagen, weggenommenen Zucker und Nüsse einmischen. Von dieser Masse auf jedes Küchlein etwas daraufsetzen. Auf mäßigem Feuer im Backofen backen.
Jeweils zwei Küchlein mit der Marillenmarmelade zusammenkleben.

Gurabije

250 g Butter
170 g Honig
1 Ei
480 g Mehl
½ Löffel Zucker
Fett

Die Butter mischen, Honig, Eier, Mehl und Zucker zugeben und alles gut vermischen. Einen Teig herstellen und kleine Kugeln formen. Jede Kugel etwas drücken, flachen und in der Mitte eine Vertiefung machen. In einer vorgefetteten Form auf mäßigem Feuer backen.
In die Vertiefung eine geschälte Mandel stecken.

Weiße Gurabije

250 g Butter
270 g Mehl
150 g Zucker
3 Eigelb

Die Butter und den Zucker schaumig rühren, Mehl und Eigelb dazugeben, gut mischen, aus der vorbereiteten Masse kleine Kügelchen bilden und in die vorgefettete Form geben. Auf jede Kugel mit dem Löffelstiel eine Vertiefung machen, im Backofen backen. Wenn sie fertig gebacken sind, in jede Vertiefung etwas Marmelade geben.

Gelbe Kuchen

360 g Mehl
280 g Butter
140 g Zucker
4 gekochte und passierte Eigelb
etwas Zimt, Nelken
geriebene Muskatnuß
Marmelade

Die Butter mit dem Zucker verrühren, gekochtes und passiertes Eigelb, die geriebene Muskatnuß, Zimt, Nelke und Mehl dazugeben. Einen Teig kneten und auf ½ cm Dicke auswalken. Runde Formen ausstechen, mit Eiweiß bestreichen und in der vorgefetteten Form backen. Jeweils zwei gebackene Kuchen mit Marmelade zusammenkleben.

Honigkuchen

1 Schale Fett
1 Schale Zucker
5 Eier
1 Tasse Honig
1 Teelöffel Sodabikarbonat
Mehl

Fett mit Zucker vermischen, Eier dazugeben und schaumig rühren. Honig und Sodabikarbonat zufügen, mit Mehl verkneten, daß der Teig nicht zu fest wird. Aus dem Teig kleine Bällchen formen und mit den Händen leicht andrücken. Eine Form befetten, mit Mehl bestreuen und Honigkuchen darauf verteilen. Im Rohr backen.

Pince

2 ½ Päckchen Trockenhefe
1,5 kg Mehl
250 g Margarine
400 g Zucker
2 Eier
6 Eigelb
2 Päckchen Vanillezucker
Zitronenschale, Orangenschale
Salz

Mehl erwärmen und mit der Margarine mischen. In der Mitte eine Vertiefung machen, Zucker, Eier, Eigelb, Vanillezucker, Salz, geriebene Zitronen- und Orangenschale zufügend und am Schluß die gegangene Hefe.
Nach Gebrauch noch etwas Mehl zugeben. Einen festen Teig kneten, gut durcharbeiten, abdecken und im Warmen 3–4 Stunden ruhen lassen, bis er geht.
Den Teig in 3–4 Stücke teilen, und jeden Teil in die runde Form einer „Pince" bringen.
Die Pince auf ein gefettetes Papier legen und bedeckt 1,5–2 Stunden stehenlassen. Jede Pince von der Mitte aus in drei Teile einritzen, mit Ei bepinseln und mit gestampftem Zucker (Würfelzucker zerstampfen) bestreuen. Im vorgewärmten Rohr eine Stunde auf 200°C backen.

Strukli mit Nüssen

Teig:
500 g Mehl
100 g Butter
50 g Zucker
$^1/_4$ l Milch
30 g Hefe
Salz

Füllung:
100 g Butter
3 Eigelb
100 g Zucker
$^1/_4$ l süße Sahne
3 Eiweiß
geriebene Zitronenschale
400 g gemahlene Walnüsse

Mehl, Butter, Zucker, etwas Salz, Milch und gequollene Hefe zu einem Teig kneten und im Warmen gehen lassen. $^1/_2$ cm dick auswalken und die Enden wegschneiden.

Mit der Fülle bestreichen, mit gemahlenen Walnüssen bestreuen, einrollen und in Teile schneiden. Strukle in die vorgefettete Form geben, etwas gehen lassen und im Rohr backen. Die so zubereiteten Strukli können auch in Salzwasser gekocht werden.

Fülle:
Butter mit Eigelb und Zucker mischen, süße Sahne, Eiweißschnee und die geriebene Zitronenschale zugeben und leicht durchmischen.

Schnapskuchen

200 g Mehl
140 g Butter
140 g gemahlene Mandeln
70 g Zucker
1 Eigelb
3 Löffel Schnaps
1 Zitrone

Mehl, Butter, Mandeln, Zucker, geriebene Zitronenschale, Eigelb und Schnaps zu einem Teig verkneten. Auf 1,5 cm Dicke auswalken, mit einer Form oder einem Glas runde Kuchen ausschneiden, mit Schnaps bestreichen, mit Zucker bestreuen und in der vorgefetteten Form backen. Die Kuchen gewinnen an Geschmack, je länger sie stehen.

Somborkuchen

7 Eiweiß
70 g Mandeln
70 g Haselnüsse
100 g Zucker
1 Löffel Semmelbrösel
Vanillezucker

Aus dem Eiweiß einen steifen Schnee schlagen, gehackte Mandeln, gemahlene Haselnüsse, Zucker und Semmelbrösel zugeben, gut durchmischen und in eine vorgefettete Form füllen und bei mäßiger Hitze backen. Wenn der Teig gebacken ist, in Quadrate schneiden und mit Vanillezucker bestreuen.

Schmerkrapfen

500 g Mehl
300 g Schmer
1 Eigelb
1 Gläschen Rum
1 dag Hefe
Zucker, Marmelade, Salz

Schmer von den Adern befreien, durch die Fleischmaschine drehen, gut durchmischen und stehenlassen. In die Hefe etwas Salz und Zucker geben, mit lauwarmem Wasser begießen und im Warmen gehen lassen. Mehl, gegangene Hefe, Eigelb, Rum und lauwarmes Wasser zu einem weichen Teig verkneten und auswalken. Den Teig mit Schmer bestreichen, umschlagen und im Kalten ca. 20 Minuten stehen lassen. Dann den Teig wieder auswalken, wieder umschlagen und nochmals 20 Minuten ruhen lassen. Den Vorgang noch einmal wiederholen. Den Teig in Quadrate schneiden, auf jedes etwas Marmelade setzen, überschlagen und in der vorgefetteten Form im Backofen backen.

Schmerkrapfen kann man auch mit Walnüssen füllen. Die gemahlenen Nüsse und den Zucker vermischen, mit heißer Milch übergießen und gut durchmischen.

Pehtranova Potica

(s. Abb. 25)

Teig:
600 g Weizenmehl
3 Eigelb
120 g Butter
100 g Zucker
2 Löffel Rum
30 ml Milch
Salz
Zitronen- oder Orangenschale

40 g Hefe
2 Löffel warme Milch
2 Eßlöffel Mehl
1 Löffel Zucker

Füllung:
150 g Butter
3 Eigelb
¼ l saure Sahne
100 g Zucker
Schnee von 3 Eigelb
Estragon

Hefe, Mehl, Zucker und lauwarme Milch mischen und stehenlassen, bis der Teig geht.
Butter mit Eigelb und Zucker schaumig rühren. Die Milch erwärmen, Zitronen- und Orangenschale und etwas Salz dazugeben. Aus Mehl, Hefe und der so zubereiteten Milch einen weichen Teig kneten und gut mit einem Holzlöffel schlagen, bis sich der Teig von der Schüssel löst.
Mit einem Tuch bedecken und im Warmen gehen lassen. Wenn der Teig aufgegangen ist, auswalken und die dickeren Enden abschneiden. Die Blätter mit der Fülle bestreichen, einrollen, mit den verquirlten Eiern bestreichen und in der vorgefetteten, mit Semmelbrösel bestreuten Form eine Stunde backen.

Füllung:
Die Butter mit Zucker und Eigelb mischen, Eiweißschnee und Sahne zufügen. Mit der Fülle den Teig bestreichen und mit gehacktem Estragon bestreuen.

Mohnstrudel und Nußstrudel

Teig:
400 g Mehl
80 g Butter
2 Eigelb oder 2 Eier
60 g Zucker
200 ml Milch
Salz
Zitronenschale
20 g Milch

Mohnstrudelfülle:
300 g Mohn
250 ml Milch
100 g Rosinen
100 g Zucker
Zimt
1 Päckchen Vanillezucker
Rum, Zitronenschale

Nußstrudelfülle:
500 g Walnüsse
100 g Zucker
200 ml Milch
80 g Rosinen
Zimt, Rum, Staubzucker

Die Hefe mit lauwarmem Wasser begießen, etwas Zucker und Mehl dazugeben und den Teig gehen lassen.
Mehl in ein Gefäß geben, zerlassene Butter zugeben, Eigelb, Zucker, geriebene Zitronenschale, etwas Salz und Hefe zugeben, mit warmer Milch einen weichen Teig kneten und im Warmen etwa 40 Minuten stehenlassen. Danach den Teig in zwei Teile teilen, auswalken, mit zerlassener Butter bespritzen und mit der Mohn- oder Nußfülle bestreichen.
Einrollen und in der vorgefetteten Form ca. 1 Stunde auf 200°C backen. Den gebackenen Strudel schneiden und mit Staubzucker bestreuen.

Mohnguß:
In Milch den gemahlenen Mohn kochen, Zucker, Vanillezucker, Rosinen, geriebene Zitronenschale, Rum und Zimt zufügen, vermischen und abkühlen lassen.

Walnußfülle:
Gemahlene Walnüsse, Zucker, Rosinen, Zimt und Rum mit warmer Milch übergießen, vermischen und abkühlen lassen.

Strudelteig

500 g Mehl
1 Löffel Fett
200 ml lauwarmes Wasser
Salz

Auf einem Nudelbrett anhäufen, Fett zugeben und gut verkneten. Alles in eine Schüssel geben, in der Mitte eine Vertiefung machen, lauwarmes Wasser und etwas Salz dazugeben und einen Teig kneten. Das Nudelbrett mit Mehl bestreuen, den Teig darauflegen und solange kneten, bis er sich von den Fingern löst. In 2 Teile teilen und jede Hälfte gut verkneten. Wenig auswalken und eine halbe Stunde stehenlassen. Jede Hälfte mit Fett bestreichen, auf ein mit Mehl bestreutes Tuch legen und mit den Händen einen papierdünnen Teig ausziehen. Die Enden abschneiden und als Nudeln verwenden. Den gezogenen Teig trocknen, mit zerlassener Butter bespritzen und bis zur Hälfte mit der Fülle bestreichen und leicht einwickeln. So mit dem anderen Teil verfahren. Auf die Größe der Form zuschneiden und im Backofen backen.

Füllung
für den Weichselstrudel

1 kg Sauerkirsche
500 g Zucker
50 g Semmelbrösel
50 g Mandeln
Staubzucker
geschälte und überbrühte Mandeln

Weichseln waschen, entkernen, auf das ausgewalzte Blatt legen, mit Zucker, Semmelbrösel und Mandeln bestreuen. Einrollen und in der vorgefetteten Form ca. ½ Stunde backen. Den gebackenen Weichselstrudel in kleinere Teile schneiden, auf einen Teller geben und mit Puderzucker bestreuen.

Füllung
für den Rahmstrudel

3 Eier
3 Löffel Zucker
3 Löffel Milchrahm, Salz

Eigelb mit Zucker rühren, Milchrahm und etwas Salz zugeben. Gut durchmischen und einen festen Eiweißschnee schlagen. Mit der Füllung die Teigblätter bestreichen, einrollen und in der vorgefetteten Form im Backofen backen.

Süßer Käsestrudel

500 g Mehl
50 g Fett
1 Ei, etwas Salz
Füllung:
120 g Zucker
50 g Butter
150 g Frischkäse
2 Eigelb
60 g Rosinen
300 ml süße Sahne
1 Zitrone

Mehl, Fett, Eier, Salz und warmes Wasser zu einem glatten, mittelharten Teig kneten. Gut verkneten und eine halbe Stunde stehen lassen. Auf einen mit Mehl bestreuten Tisch den Teig geben, mit den Händen so ausziehen, daß die Enden über die Tischkanten frei fallen. Die Enden wegschneiden, den gezogenen Teig mit der Füllung bestreuen, einrollen, in der vorgefetteten Form im Backofen backen.
Den warmen Käsestrudel mit Zucker bestreuen.

Füllung:
Butter mit Zucker schaumig rühren, Eigelb, zerdrückten Käse, geriebene Zitronenschale, Rosinen und süße Sahne zufügen.

Träge Walnußpita

Teig:
270 g Mehl
270 g Butter
2 Eigelb
2 Löffel saure Sahne
1 Glas Weißwein
Füllung:
270 g Zucker
700 g Walnüsse
1 Zitrone
250 g Rosinen
Vanillezucker zum Bestreuen

Die Butter in dünne Blätter schneiden, mit Eigelb, Wein und Sahne mischen. Mehl etwas salzen, die Buttermasse zugeben, daraus einen Teig kneten und auswalken. In zwei Teile teilen, die Hälfte in die vorgefettete Form geben, mit der Füllung bestreichen, darauf die andere Hälfte legen und im Backofen goldgelb backen. In Vierecke schneiden und mit Vanillezucker bestreuen.

Füllung:

Zucker in 200 ml Wasser kochen, abgeriebene Zitronenschale und Walnüsse zugeben. Durchmischen. Vom Feuer wegstellen und abkühlen. Der abgekühlten Masse Rosinen zufügen und mit der so zubereiteten Füllung den Teig bestreichen.

Die Träge Pita unterscheidet sich von anderen Pita-Arten, indem die Blätter viel dicker sind, sie wird schneller zubereitet und damit sagt man ist sie die „Faule Hausfrau" Pita.
Man kann die Pita auch mit anderen, verschiedenen Füllungen zubereiten.

Maismehlspeise

600 g Maismehl
250 g Margarine
1,2 dl Milch
1 Tasse saure Milch, saure Sahne
*   oder Joghurt (2 dl)*
2 Eigelb
Salz
40 g Hefe

Füllung:
200 g Walnüsse
2 Eiweiß
200 g Zucker
1 Glas Rum
Zitronensaft

Guß:
saure Sahne

Die Milch erwärmen, Hefe mit etwas Zucker und Salz einrühren und gehen lassen. Mehl, Margarine, saure Milch, Eigelb, Hefe und etwas Salz zu einem Teig rühren und gehen lassen. Die feuerfeste Form mit Margarine bestreichen und die Hälfte der Masse eingießen. In der Zwischen-

zeit eine Füllung herstellen und damit den Teig übergießen. Die andere Teighälfte daraufleeren, mit Sahne übergießen und im vorgewärmten Backofen ca. 45 Minuten backen. Maismehlspeise kann mit Mohn oder Marmelade gefüllt werden.

Mostar-Baklava mit Walnüssen

500 g Weißmehl
½ Ei
Öl, Salz
lauwarmes Wasser

Füllung:
50 g Weißmehl
½ Ei
150 g Walnüsse
Butter, Wasser

Guß:
600 g Zucker
1 l Wasser
Zitrone
1 Vanillestäbchen

Teig:
Mehl, Öl, etwas Salz, lauwarmes Wasser und ½ Ei zum Teig kneten, in zwei Bälle teilen, auf dem mit Mehl bestreuten Nudelbrett weiterkneten, damit der Teig fest wird. In dünne Blätter auswalken und trocknen lassen.

Füllung:
50 g Mehl, ½ Ei und etwas Wasser zu einem festen Teig kneten und daraus zwischen den Händen reibend Brösel machen. Im Fett oder Öl anbraten. Die so bereitete Füllung mit Walnüssen mischen und nach Wunsch Zucker zugeben. Ein paar Blätter mit zerlassener Butter oder Öl bespritzen, in die vorgefettete Form legen,

mit der Füllung und den Walnüssen bestreuen, darauf noch ein paar Blätter, mit Butter oder Öl bespritzen, legen und wieder Füllung darauf geben. Wiederholen, bis alle Nahrungsmittel aufgebraucht sind. Das obere Blatt sollte dünn und ganz sein.
Baklava – Rombenförmig schneiden und bei mäßiger Hitze goldgelb backen, anschließend mit Guß übergießen.

Guß:

Zucker, Wasser, Zitronensaft und Vanille.
Baklava mit einem Tuch bedecken und über Nacht stehen lassen.

Baklava ist ein türkisches Wort und bedeutet Romboid, gemeint ist Pita in der Romboidform geschnitten.

Krokanat

500 g Zucker
300 g Mandeln

Die geschälten Mandeln in dünne längliche Blätter schneiden. Zucker in einer Schüssel schmelzen, goldgelb werden lassen, Mandeln zugeben und auf den feuchten Tisch ausbreiten. Mit einem feuchten Walker die Masse dünn walken und verschiedene Formen bilden (Äste, Blüten und Kreise). Auf jeden noch etwas warmen Teil, ein Blatt Orange, Zitrone oder Lorbeer geben, womit der Gast den Krokanat in die Hand nehmen kann. Krokanat kann einige Monate stehen und wird mit Schnaps serviert.

Krokanat stammt von dem italienischen Wort Croccante, und bedeutet knusprig.

Prekmurska Gibanica

(Strudel „Prekmurje" Art)

(s. Abb. 26)

Der Mürbteig:

280 g Mehl
120 g Margarine
1 Eigelb
2 EL saure Sahne

Der Blätterteig:

300 g Mehl
1 Ei
1 EL Öl, lauwarmes Wasser

Die Fülle:

250 g gemahlene Nüsse
500 g Topfen (Quark)
1 dl saure Sahne
150 g gemahlenen Mohn
2 kg geriebene Äpfel
100 g Rosinen
Butter und Sahne zum Übergießen
Zucker, Zitronenschale und Zimt

Den Mürbteig bereiten, ausrollen und auf den Blechboden legen. Den Blätterteig in 6 Teile verteilen und jedes Teigstück ausziehen. Eine Teigschichte auf das Blech legen, mit Nüssen und Rosinen bestreuen, mit zerlassener Butter bespritzen und mit der nächsten Teigschichte bedecken. Auf diese die geriebenen Äpfel verteilen, mit Butter und Sahne bespritzen und darauf die dritte Teigschichte legen. Diese mit gemahlenem Mohn bestreuen, mit der nächsten Teigschichte bedecken und darüber die Fülle von passiertem Topfen (Quark), mit saurer Sahne vermischt, verteilen. Mit der nächsten Teigschichte bedecken und das Einschichten wiederholen, bis alles verbraucht ist. Die letzte Schichte soll mit der Teigschichte bedeckt und mit Butterflocken bestreut sein. Mit saurer Sahne übergießen und backen. Den gebackenen Kuchen mit Puderzucker bestreuen.

Anmerkung:

Wunschgemäß kann man in die Topfenfülle auch 1 Ei, Zitronenschale und etwas Zucker beigeben. Zucker kann auch in die andere Fülle beigefügt werden.

Weinsuppe/Varenik

½ l Wein
50 g Zucker
1 Eigelb
2 Nelken

Wein in einen Topf gießen, Zucker zugeben und aufkochen. In der Zwischenzeit das Eigelb mit einem halben Glas kaltem Wein verquirlen und unter ständigem Rühren vorsichtig in den gekochten Wein gießen. Diese Suppe kann man sowohl von Rot- als auch von Weißwein machen. In Tassen servieren.

Torte aus Imotski

Teig: (s. Abb. 27)
20 dag Mehl
140 g Butter oder Margarine
60 g Zucker
1 Eigelb oder ein kleines Ei

Fülle:
5−6 Eier
250 g Zucker
250 g Mandeln
Maraskino
Zitronenschale
1 Päckchen Vanillezucker

Aus Mehl, Butter oder Margarine, Zucker und dem Eigelb einen Teig mischen, auswalken und mit diesem die Tortenform am Boden und an den Seiten auslegen. Den Rest des Teiges auswalken und mit dem Teigrädchen Streifen von ungefähr 1 cm Breite ausschneiden.

Fülle:

Eier mit Zucker schaumig rühren, gemahlene Mandeln, Maraskino, das Abgeriebene einer Zitronenschale und Vanillezucker dazugeben. Gut vermischen und über den Teig, mit dem man die Tortenform ausgelegt hat, gießen. Über die Fülle die Teigstreifen in Gitterform legen. In jeden Zwischenraum eine geschälte Mandel setzen und im Backofen bei einer Temperatur von etwa 200°C 50 Minuten backen. Wenn die Torte fertig ist, im ausgeschalteten, geöffneten Rohr auskühlen lassen.

Srijemische Torte

Teig:
5 Eier
12 dag Zucker, 1 Löffel Grieß
100 g geschälte und gemahlene
  Mandeln
Füllung:
2 Eigelb, 2 Löffel Zucker
60 g Butter

Eigelb vom Eiweiß trennen. Eigelb mit dem Zucker verrühren, die gemahlenen Mandeln dazugeben (einen Teil zum Bestreuen zurücklassen), den Grieß und den steif geschlagenen Schnee vom Eiweiß dazugeben. Die Masse in eine vorgefettete Form geben und im Rohr bei mäßiger Hitze backen. Wenn der Teig gebacken ist, abkühlen lassen und in der Mitte auseinanderschneiden.

In der Zwischenzeit die Eigelb und den Zucker unter ständigem Rühren kochen, bis die Masse dick wird. Vom Feuer nehmen, abkühlen lassen und die schaumig gerührte Butter dazugeben.

Mit dieser Masse die Torte in der Mitte und oben bestreichen und mit gemahlenen Mandeln bestreuen.

Kartoffeltorte

140 g Zucker
3 Eier
3 Eigelb
140 g Mandeln
140 g gekochte Kartoffeln
1 Löffel Rum
1 Löffel Mehl
Marmelade

Zucker mit Eigelb und den Eiern verrühren, die geschälten und passierten Kartoffeln, den Rum und das Mehl dazugeben. In eine vorgefettete Form füllen und im Rohr backen. Die gebackene und erkaltete Torte in der Mitte auseinanderschneiden und mit Marmelade bestreichen.

Cremekuchen

Teig:
250 g Butter
250 g Mehl
2 Eigelb
2 Löffel Zucker

Fülle:
7 Eier
7 Löffel Zucker
250 g Walnüsse
1 Rippe Schokolade
Zitronenschale, Zimt

Zur Verzierung:
Marmelade und Walnüsse

Butter mit dem Zucker vermischen, das Eigelb dazugeben und vorsichtig Mehl untermischen. Den Teig in zwei Teile teilen, auswalken. Einen Teil des Teiges in die vorgefettete Form füllen.
Eigelb mit dem Zucker vermischen und den steifen Schnee, die gemahlenen Walnüsse, die geriebene Schokolade, die geriebene Schale einer Zitrone und etwas Zimt dazugeben. Die vorbereitete Fülle über den Teig gießen, mit dem anderen Teig belegen und im Rohr goldgelb backen. Die gebackenen Kuchen in Quadrate schneiden. Mit Marmelade die halbierten Walnußkerne ankleben.

Kodunjada

1 kg Quitten
500 g Zucker
Zitronensaft
abgekochtes Wasser

Die Quitten schälen, in Spalten schneiden und in etwas Wasser kochen. Wenn die Quitten gekocht sind, durch ein Sieb pressen, Zucker zugeben. Zitronensaft und wenig gekochtes Wasser zuschütten. Unter ständigem Rühren weiterkochen, bis die Masse rot wird.
Teller mit Öl bestreichen und die Kodunjade hineinfüllen. Kodunjade serviert man mit Schnaps.

Apfelbonbons

500 g Zucker
1 kg Äpfel
1 Glas Wasser
1 Orange
50 g Mandeln

Zucker in ein Gefäß geben, mit Wasser aufgießen und kochen, bis der Sirup eindickt. Die geputzten und geriebenen Äpfel zugeben, vermischen. Orangen auspressen und die abgeriebene Orangenschale dazugeben. Unter ständigem Rühren kochen, bis die Masse anfängt, zu erdikken. Vom Feuer nehmen und die geschälten und längs geschnittenen Mandeln hineinmischen. Runde oder längliche Bonbons formen und im Zucker wälzen. Auf einem Papier trocknen lassen.

Abb. 25: Pehtranova Potica (Rezept S. 106)

Abb. 26: Prekmurska Gibanica (Rezept S. 110)

Abb. 28: Tufahije (Rezept S. 113)

Semmel mit Äpfel

10 Semmeln
5 dl Weißwein
3 Eier
150 g Öl
50 g Butter
200 g Zucker
1 kg Äpfel
1 Zimtschale

Semmeln in der Mitte auseinanderschneiden, das Mittelstück aushöhlen und aufheben. Wein mit etwas Zucker und Zimt kochen. Die Semmeln in Wein tauchen, dort einige Minuten lassen und dann im Sieb abtropfen lassen. Nun die Semmeln in den verquirlten Eiern wenden und im heißen Öl braten. In Butter die ausgehöhlte Semmelmitte braten, die gekochten und passierten Äpfel zugeben, zuckern und vermischen. Damit die gebratenen Semmeln füllen. Mit Zucker bestreuen und servieren.

Kirschkugeln

280 g Mehl (körnig, oder Grieß)
500 g Kirschen
¹/₄ l Milch
2 Eier
Brösel, Butter
Staubzucker, Salz

Milch in ein Gefäß schütten, etwas Salz und ein Stück Butter hineintun. Wenn es gekocht ist, noch Mehl dazugeben und rühren, bis die Masse dick wird. Vom Feuer nehmen und abkühlen lassen. In den erkalteten Teig die Eier mischen, sodaß die Masse kompakt wird. Auf ein Brett Mehl streuen und die Masse zu einem Teig verkneten, der etwas weicher als für Nudeln sein sollte. In ein dünnes Blatt ausziehen und in größere Quadrate schneiden. In jedes dieser Quadrate 3–4 Kirschen einrollen. Die Kugeln in kochendes Wasser geben, und wenn sie auf der Oberfläche erscheinen, mit einem Schöpfer herausholen. In einer Schüssel anrichten, mit in Butter gebräunten Bröseln und Staubzucker bestreuen.

Tufahije (s. Abb. 28)

800 g Äpfel
200 g Zucker
20 g gemahlene Walnüsse
20 g gemahlene Haselnüsse
100 g geschlagene süße Sahne
20 g gemahlene, gebratene Mandeln
30 g süße Kirschen oder
*   Kompottkirschen*
1 Zitrone
1 Päckchen Vanillezucker

Äpfel waschen, schälen, in der Mitte aushöhlen. In Zuckerwasser kochen, dem man etwas Zitronensaft zugeben hat. Die Äpfel dürfen nicht zu stark kochen, damit sie nicht zerfallen. Die gekochten Äpfel mit einem Schöpfer herausholen, abtropfen lassen und in eine Pfanne legen. Dem Wasser, in dem die Äpfel gekocht wurden, Zucker zufügen, einen Sirup kochen und abgießen. Aus Walnüssen, Haselnüssen und gebratenen Mandeln, der süßen Sahne und dem Vanillezucker eine Fülle machen. Nach Bedarf etwas Zucker zugeben. Die Äpfel damit füllen und einige Minuten im Backofen backen. Mit Schlagsahne und den Kompottkirschen garnieren und mit dem Sirup übergießen.

Rozata

3−4 l Milch
9 Eigelb
150 g Zucker
1 Löffel Rum
1 Vanillestange oder 1 Päckchen
  Vanillezucker

Karamel:
80 g Zucker

Milch mit Zucker und der Vanille kochen. Vom Feuer nehmen und abkühlen lassen. Eigelb verquirlen und in die erkaltete Milch geben, vermischen und Rum zufügen. Den Zucker solange erhitzen, bis er eine dunkelbraune Farbe erhält.
In die Form für Rozata das Karamel füllen und obenauf die Milch mit den Eiern schütten. Die Form in einen mit Wasser gefüllten Topf stellen und im Rohr etwa eine Stunde kochen lassen.
Das gekochte Rozata im Kühlschrank abkühlen lassen und im Teller mit Schlagsahne servieren.

Dalmatinische Kuchen

½ l Milch
2 Tassen Reis
1 Löffel Butter
750 g Äpfel
100 g Weintrauben
süße Sahne
Zimt, Butter, Zucker

Die Milch mit dem Reis kochen. Bevor der Reis gar ist, Zucker nach Wunsch und 1 Löffel Butter zugeben. Abkühlen lassen.
Die Äpfel schälen, putzen, reiben und mit etwas Zimt, Zucker und den Weintrauben braten.
Eine Tortenform mit Butter einfetten und mit Mehl einstauben.

Abwechselnd eine Reihe Reis und eine Reihe Äpfel hineinschichten, bis alle Zutaten aufgebraucht sind.
Obenauf ½ Löffel Butter und süße Sahne geben und im Rohr backen.
Die gebackenen Kuchen mit einem Eierguß servieren.

Rahatlokum

1,5 kg Zucker
2 l Wasser
250 g Stärke
17 g Gelatine
2 Tropfen Rosenöl
Mandelöl
½ l Wasser
Kuchenfarbe

In ein Gefäß 1,5 kg Zucker und 2 l Wasser geben und stehenlassen, bis der Zucker sich auflöst.
In der Zwischenzeit Stärke in ½ l Wasser vermischen, in das Zuckerwasser gießen und gut vermischen.
Kochen und ständig von oben nach unten rühren. Aufpassen, daß die Masse nicht anbrennt. Die Masse ist fertig, wenn nichts mehr am Topfboden hängenbleibt.
Rosenöl zugeben, vermischen und in eine Pfanne füllen, die mit Mandelöl befettet ist. Abkühlen lassen.
Das kalte Rahatlokum aufschneiden, in Zucker wälzen und in Dessertkapseln legen.
Rahatlokum kann man auch mit roter Kuchenfarbe färben.

Mandolat

4 Eiweiß
40 g Zucker
Zitronenschale, Vanillezucker
200 g Honig
200 g Mandeln
2 Oblaten

Aus Eiweiß und Zucker einen steifen Schnee schlagen, das Abgeriebene einer Zitrone und den Vanillezucker dazugeben. In einem Topf den Honig erwärmen, den Eiweißschnee zugeben und auf dem Feuer mischen, bis die Masse anfängt zu verdicken und sich vom Topf abhebt.
Die gebratenen, aber noch weißen Mandeln (man kann sie grob schneiden), der Masse zugeben, und noch einmal durchmischen.
Auf einen Pfannenboden Oblate legen, mit der heißen Fülle begießen, mit der zweiten Oblate bedecken, mit einem Gegenstand beschweren und so über Nacht stehen lassen. Am nächsten Tag mit einem warmen Messer in gleiche Teile schneiden.

ERLÄUTERUNGEN

S. 10 Rezept »Satrica« (Kuhkäse = zerbroeckelter trockener Quark)

S. 13 Rezept »Käse mit Bohnen« (Trockenkäse = Reibekäse)

S. 16 Rezept »Beg« (Das Gericht kann man auch ohne Bamien zubereiten)

S. 17 Rezept »Gerstelsuppe« (mit Rührei abschmecken = verquirltes Eigelb)

S. 20 Rezept »Steinpilzsuppe mit Heidekorn« (Heidekorn = Buchweizen)

S. 26 Rezept »Würstchen in Rotwein« (frische Schweinewürstchen = ungebrühte Bratwürste)

S. 30 Rezept »Käsetaschen« (Topfen = normaler Quark)

S. 32 Rezept »Käseklösse« (Griessmehl = Griess. Man kann auch ein Gemisch aus Griess und Mehl 1 : 1 verwenden)

S. 33 Rezept »Priganica-Fritteln« (Schwarzes Mehl = das Weizenmehl)

S. 37 Rezept »Gibanica« (Rahmsahne = saure Sahne)

S. 58 Rezept »Istarska Jota« (Gekochter Speck = geräucherter Speck)

S. 58 Rezept »Sauerrübe mit Bohnen« (Sauerrüben = in Salz eingelegte kleingeschnittene weisse Rübe)

S. 64 Rezept »Čobanac« (Ajvar — S. 96 »Serbisches Ajvar«)

S. 86 Rezept »Heidensterz« (Heidensterzmehl = Buchweizenmehl)

S. 95 Rezept »Porree-Lauch-Salat« (Man kann saure Schaf-oder Kuhmilch verwenden)

S. 108 Rezept »Käsestrudel« (Frischkäse = normaler Quark)

1 dl = 1 Deziliter = $^{1}/_{10}$ l = 100 ml

1 dag = 1 Dekagramm = 10 g

Rezept-Register

Kalte Vorspeisen
Ajvar aus Karpfenrogen 12
Blumenkohl mit Sauerrahm 13
Fastenkrautwickler 12
Imam Baldi 13
Kajmak (Rahm) 11
Käse mit Bohnen 13
Käse mit Sauerrahm 11
Prebranac 12
Satrica 10
Schinken im Teig 10
Sülze 10
Zaseka 11

Suppen — Eintopfgerichte — Beilagen
Eintopf „Alaska" 22
Eintopfgericht „Beg" 16
Fischsuppe 22
Geflügelsuppe 16
Geriebene Gerstel 21
Gerstelsuppe 17
Krautbrühsuppe 20
Lammeintopf „Lika" 19
Leberknödel 21
Maneštra od Bobići
    (Mais-Bohneneintopf) 20
Rindssuppe 16
Saure Gerstel 21
Saure Kalbssuppe 18
Steinpilzsuppe mit Heidekorn 20
Steirische saure Suppe 19
Taubenlandwirtssuppe 18

Warme Vorspeisen und Teigwaren
Bauernomelette 24
Blätter 39
Brot 28
Bučnica — Kürbisstrudel 38
Burek — Strudelrolle Füllung 34
Filije — Eine Art Eierpfannkuchen . 39
Fladen mit Säuerling 27
Gebratene Paprikaschoten
    auf mazedonische Art 25
Gefüllter Blätterteigkuchen —
    Loparnica 37

Gibanica — Käsestrudel 37
Grieben Pogatsche — Fladen 33
Hausgebackenes Brot 28
Holunderblumen 25
Jajčarnik — Eine Art von
    Quarkstrudel 40
Jufka — Ausgerollter Teig 29
Käseklöße 32
Käsetäschchen 30
Käse-Strudel-Pita 36
„Keške" 27
Krautfleckerln 29
Kraut-Pita 38
Kol-Pita 39
Kulak — Teigöhrchen 30
Lukmira — Pikante
    Eierpfannkuchen 40
Mantije — „Kutten" 31
Panierte Paprikaschoten 25
Paprikaschoten gefüllt mit Kajmak
    und Käse 26
Paprikaschoten „Leskovac" 26
„Papula" 24
Pera — Quarkkuchen 40
Pilze in Rahm 24
Priganice — Fritteln 33
Pita Ičija — Gefüllter Pitenteig
    nach „Ičija" Art 34
Reis-Pita 36
Savijeni Burek — Strudelrolle 33
Spinatbrei (Čimbur) 24
Šumadijska Proja — Warme Vorspeise
    nach „Šumadija" Art 41
Štrukli mit Topfen (Quark) 32
„Tavče Gravče" (Mazedonisches
    Bohnengericht) 26
Teigfleckerln mit gekochtem
    Schinken 29
Užička Proja — Warme Vorspeise
    nach „Užice" Art 40
Weißkraut-Pita 35
Würstchen in Rotwein 26
Zlinkrofi (Taschen) „Idrija" Art . . 31

Fische – Krebse – Muscheln

Aal vom Grill · 44
Brudet – Eine Art Fischeingemachtes,
   Fischsuppeneintopf 48
Fisch am Grill 48
Fisch am Schilfrohr 46
Fisch „Paprikasch" 46
Fisch „Smederevo" Art 45
Forellen nach Ohrid-Art 46
Forelle nach Podgorica-Art 46
Karpfen, geräuchert 44
Karpfen in Knoblauch 44
Karpfen im Sud 45
Karpfen-Ragout 45
Langustengericht nach „Kotor"
   Art 49
Muscheleintopf – Miesmuschel . . 49
Scampibuzzara – Krebsgericht . . . 49
Schnecken, gedünstet 50
Schwarzes Reisgericht 48
Seepolypsalat 50
Starlet, gebacken 44
Stockfisch mit Kartoffeln 47
Stockfisch – Weißart 47
Tintenfisch, gefüllt 49

Innereien

Angebratene Kutteln 53
Gefüllter Kalbsmagen 54
Kalbshaxe „Podravina" Art 54
Kalbs-Innereien 52
Kutteln in Soße 52
Lamm-Bauchfell-Wickeln 52
Lammhaxe „Zlatibor" Art 53
Panierte Kalbsbeinchen 54
Schweinshirn mit Nieren 53

Gemüse- und Fleischspeisen

Auberginen Musaka 72
Bakalca 59
Bauerneintopf – Enolončnica . . . 62
Bockfleisch in Milch 76
Bockfleisch in Wein 77
Bohneneintopf 56
Bohnen-Makkaroni-Eintopf 57
Bohnen mit Kartoffeln –
   gebacken 59
Bosnischer Tontopf 63

Brühkartoffeln 56
Bunte Dolma – Gericht von gefülltem
   Gemüse 66
Čevapčići 80
Čobanac – Hirtenessen 64
Cremesuppe mit Kartoffeln 76
Dzuwetsch 71
Eine Mischung nach „Škofja Loka"
   Art 58
Eintopf mit Lamm und Gemüse . . 60
Eintopf nach Weinberg Art 63
Ferkel am Grill 78
Fleischklöße in Knoblauchsoße . . . 75
Frikadellen in Tomatensoße 76
Gebackenes Fleisch im Netz 73
Gefüllter Schweinerollbraten auf
   Serbische Art 73
Gefüllte Kalbschnitzel 77
Gemischtes Fleisch nach „Leskovac"
   Art 79
Gersteeintopf – Ričet 57
Geschnetzeltes Kalbfleisch mit Pilzen,
   gebacken 74
Gulasch 68
Istarska Jota – Istrischer Eintopf . 58
Janija – mit Trockenpflaumen . . . 70
Janjeća Kalja – Lammgericht 61
Junge Bohnen mit Lamm 59
Junge grüne Bohnen mit Eiern . . . 71
Kalbfleisch mit jungen Kartoffeln . 74
Kalbsragout 68
Kapama – Junge Zwiebeln-
   Eintopf 56
Kartoffeleintopf mit
   Fleischeinlage 70
Kartoffelgericht 70
Kesselfleisch – Kotlovina 64
Lammfleisch auf „Tetovo" Art . . . 59
Lamm unter dem Tonverdeck 78
Lauchgemüse – gefüllt 67
Leskovački Urnebes – Eintopf nach
   „Leskovac" Art 62
Liederjahn Paprikasch 68
Mousaka, Römertopf gebacken . . 79
Muskel in Rahmsahne 78
Panierte Fleischknödel 75
Panierte Schweinsrouladen 77

Paniertes Fleisch nach „Herzegowina" Art	69
Pastizade	75
Pfanneneintopf	56
Pute mit Mlintzi	80
Rindfleisch mit Sauerkraut	61
Rouladen nach „Karadorde" Art	77
Samobor Kotelett	78
Sauerkraut − Altserbisch	61
Sauerkraut mit Fleisch, gebacken	73
Sauerkrautmusaka	72
Sauerkrautrouladen	65
Sauerrübe mit Bohnen	58
Schweinefleisch auf Bauernart	69
Schweinefleisch im Netz	80
Schweinefleisch mit Meerrettich und Kartoffeln	60
Schweinefleisch-Spieß	79
Schweinsfilet „Stubica"	79
Sekelji Gulasch	67
Serbische Bohnen	57
Serbische Papazjanija	64
Šiš Čevap − Gemischte Spieße	71
Sogan Dolma − Gefüllte Zwiebeln	66
Turli Tava − Gemischtes Fleisch und Gemüse, gebacken	70
Weinrebenblatt-Wickel-Roulade	65
Weißkraut auf steirische Art	72
Weißkraut nach „Lika" Art	61
Winter Paprikasch − Schweinefleisch, gedünstet	69
Žgvacet-Kalbsgulasch	74

Wildbret

Gefüllter Fasan	83
Hase auf Medimurje Art	83
Hase auf Sinjer Art	83
Reh auf „Postojna" Art	82
Wildlake	82
Wildschwein in Johannisbeersoße	82

Beilagen

Gotovac	87
Heidensterz	86
Kartoffelhälften „Lika" Art	87
Kartoffelnockerl	86
Kartoffelsterz	86
Montenegrinisches Kačamak	87

Nudeln	86
Süße grüne Erbsen	87

Soßen

Apfelkrensoße	90
Soße aus sauren Gurken	90
Tomatensoße	90
Weichselsoße	91
Zwiebelsoße	90

Salate

„Geschlagene Paprika"	96
„Getöse" Salat	96
Grüner Salat mit Sauermilch	94
Gurkenspeise	94
Kartoffelsalat	95
Linsensalat	95
Macanica Salat	95
Pindžur Salat	96
Porree-Lauch Salat mit Sauermilch	95
Sauerkrautsalat	95
Schop Salat	94
Serbischer Salat	94
Serbisches Ajvar	96

Nachspeisen

Apfelbonbons	112
Cremekuchen	112
Dalmatinische Fritteln	100
Dalmatinische Kuchen	114
Dunlari	101
„Fanjki"	99
Fasten Lokum	103
Füllung für den Rahmstrudel	108
Füllung für den Weichselstrudel	108
Gelbe Kuchen	104
Gurabije	103
Hausgemachte Alva (Halva)	102
Honigkuchen	104
Kartoffeltorte	112
Kirschkugeln	113
Kondunjada	112
Krokanat	110
Mafiši − Mafisch	100
Maismehlspeise	109
Mandolat	115
Marmeladetaschen	98
Metohijska ulutma	102

Mohnstrudel und Nußstrudel 107
Mostar-Baklava mit Walnüssen . . . 109
Palatschinken mit Nüssen und
   Heidekornbrei 99
Pehtranova Potica 106
Pince 104
Pituljice 100
Pokladnice — Faschingskrapfen . . 101
Prekmurska Gibanica 110
Rahatlokum 114
Rešedija 103
Rozata 114
Schmerkrapfen 105
Schnapskuchen 105
Schokoladen-Küsse 103
Semmel mit Äpfel 113
Somborkuchen 105
Srijemische Torte 111
Strudelteig 107
Strukli mit Nüssen 105
Süßer Käsestrudel 108
Torte aus Imotski 111
Träge Walnußpita 108
Tufahije 113
Tulumbe 101
Überbackene (gratinierte)
   Palatschinken 99
Ungekochte Zitronencreme 98
Urmašice (Bosnische Süßspeise) . . 102
Weinsuppe/Varenik 111
Weiße Gurabije 104
Zerde 98
Zerstäubte Küchlein 103